大展好書　好書大展
品嘗好書　冠群可期

易學智慧8

周易與易圖

李申／著

大展出版社有限公司

序

任繼愈

《易經》這部書幽微而昭著，繁富而簡明。五千年間，易學思想有形無形地影響著中華民族的社會生活、政治生活以及人生哲學。《周易》經傳符號單純（只有陰陽兩個符號），文字簡約（約兩萬四千餘字），給後代詮釋者留出馳騁才學的廣闊天地。迄今解易之書逾數千家。近年已有光電傳播媒體，今後闡釋易學的各種著作勢將更爲豐富。

歷代有眞知灼見的易學研究者，從各個方面反映各時代、各階層的重大問題。前人研究易學的成果豐富了中華民族的文化寶庫。研究易學，古人有古人的重點，今人有今人的重點。

今天中國人的使命是加速現代化的步伐，迎接二十一世紀。易學，作爲中華民族文化遺產，也要爲文化現代化而做貢獻。當代新易學的任務之一是擺脫神學迷信。易學雖起源於神學迷信，其出路卻在於擺脫神學迷信。凡是有生命的文化，都植根於現實生活之中，不能游離於社會之外。大到社會治亂，小到個人吉凶，都想探尋個究竟。人在世上，是聽命於神，還是求助於人，爭論了幾千年，這兩條道路都有支持者。

哲學家見到《易經》，從中悟出彌綸天地的大道理；德國萊布尼茲見到《易經》，從中啓悟出數學二進制的前景；嚴君平學《易經》，構建玄學易學的體系；江湖術士不乏『張鐵口』、『王半仙』之流，假易學之名，蠱惑愚衆，欺世騙財。易學研究走什麼道路，是易學研究者普遍關心的大事，每一位嚴肅的易學研究者負有學術導向的責任。

本叢書的撰著者多是我國近二十年來湧現的中青年易學專家。他們有系統的現代科學訓練的基礎，有較深厚的傳統文化素養，有嚴肅認眞的學風，易學造詣各有專攻。這部叢書集結問世，必將有益於世道人心，有助於易學健康開展，爲初學者提供入門津梁，爲高深造詣者申一得之見以供參考。

這套叢書的主旨，借用王充《論衡》的話『疾虛妄』。《論衡》作於二千年前。然而，舊迷霧被清除，新迷霧又彌漫，『疾虛妄』的任務遠未完成。如果多數群衆尚在愚昧迷信中不能擺脫，我們建設現代化中國的精神文明就無從談起。我們的任務艱巨而光榮。

本叢書的不足之處，希望與讀者同切磋，共同提高。

前言

我寫關於易圖的書，這是第三本了，何以如此喋喋不休？一來這是叢書選題之一。一套關於《周易》的叢書，若不講易圖，似乎就不能全面和完美；二來主編以爲我作此事較爲合適，也是盛情難卻，只好應命。

接任務至今，已有兩年，躊躇再三，難以動筆。講易圖不能不溯及源流，溯及源流就難免與上二書重複。直到我動筆之時，才確定如下寫作原則：本書主要介紹易圖內容的來源，即它們的橫向關係。至於傳承授受，則一筆帶過。希望此書能作爲上二書的補充，而不致與之重複。

因爲這是寫給一般讀者看的，所以文字則盡量通俗。如我以前的寫作宗旨一樣，通俗的只是文字，而不是思想。這裡我還想再加一句，那就是通俗而不庸俗，更不媚俗。

這些年來，由於《周易》熱的興起，易圖也得到了空前廣泛的傳播。易圖本就天生麗質，加上各種傳播媒介的渲染，不僅使其更加美麗動人，而且深邃莫測。爲了裝點易圖，我們這個民族在近期內幾乎動員了所有能夠動員的想像力。

然而科學不是藝術。藝術使美者更美，甚至使不美者變美，但科學不行，是什麼就是什麼，否則就是僞科學、病科學。老子曰：「信言不美，美言不信。」在藝術家的眼裡，月亮是玉雕冰盤，是嫦娥嬋娟；但天文學家知道，那上面密佈的是隕石坑，比人的麻臉要難看得多。雖然如此，人類還是需要科學，因爲他們需要眞實。人類不能老是生活在藝術的時代，因爲那個時代只有神話。

《話說太極圖》出版後，不斷收到一些讀者的來信。最近一封問道：某先生用《太極圖》解開了許多許多近現代科學之秘，問我怎麼看？我回信道：如問我《太極圖》來自何處，本義如何，我當盡我所能，予以回答。誰用這圖成就了多麼偉大的事業，那是誰個人的事。如果定要問我如何看待那些事，我還是一句老話：不相信。因爲我知道，所有的易圖，含義不僅簡單，而且早已明確，本沒有什麼「秘」。

但願那些因熱愛《周易》而興奮異常的先生們能靜下心來，聽進一兩句不美信言。

李申

於南方莊李楊居

目錄

第一章 《周易》與易圖概說

如果要將《周易》與易圖的關係概括為一句話，那就是：易圖是根據《周易》而作的，是對《周易》、更準確地說是對《易傳》的注解、圖解。然而易圖的作者往往假托古人，甚至假托神靈，說易圖是由龍馬從黃河裡背負（或口銜）而出的，是古代聖人伏羲所畫的，等等。而《周易》倒是根據易圖而作的。為了說清易圖與《周易》的關係，我們首先來說一說《周易》本身。

《周易》的社會功能

據《周禮》，周代的官職有六大系統：

天官冢宰，其主官為太宰，相當於後世的宰相。不過主要職能是設官分職，負責宮中的事務。在六大系統中，地位最高。

地官司徒，其主官為司徒。負責民政及國民經濟的管理。論職能，也和後世的宰相相當，所以後世的宰相也稱為司徒。

春官宗伯，其主官為大宗伯。掌管祭祀以及與祭祀有關的音樂、占、卜等等。大體相當於後世的禮部。

夏官司馬，大體相當於後世的兵部。

秋官司寇，大體相當於後世的刑部。

冬官據說佚失，用《考工記》充代。

有人認為，《周禮》的設官分職狀況，大約只是一種理想，當時並不一定真正實行。然而即算是一種理想吧，我們也可看出一些問題。

首先我們看到，祭祀在古代國家中佔有非常重要的地位，以致必須專設一套機構來進行組織和管理。其地位比兵、刑等部門甚至還要高些。

這樣一種政權組織框架後世不斷有所變通。比如漢代，兵、刑、政三巨頭為三公，地位高出各部。而唐宋以後，則以六部為基礎，等等。但祭祀在國家機構中佔一特殊地位的框架結構則大體不變。這是政教未分的中國古代國家組織的重要特點，是基督教國家所沒有的現象。

占卜是祭祀的一道必要的程序，易，就是占卜的一種。《周禮・大宗伯》：

> 卜……掌三易之法：一曰連山，二曰歸藏，三曰周易。

然而太卜只是負責，「掌」而已。具體執行的，是太卜的下屬：筮人。《周禮・大宗伯》：

> 筮人掌三易，以辨九筮之名。一曰連山，二曰歸藏，三曰周易。九筮之名：一曰巫更，二曰巫咸，三曰巫式，四曰巫目，五曰巫易，六曰巫比，七曰巫祠，八曰巫參，九曰巫環，以辨吉凶。
>
> 凡國之大事，先筮而後卜。

因此，《周易》的占筮，是決定國家大事的重要因素。

《周易》占筮之所以能辨吉凶，因為占筮的結果，傳達的是天意。《禮記・祭義》載：

昔者聖人建陰陽天地之情，立以為易。

也就是說，聖人把天意寫成了《易》。因此，占筮時，天子也必須像臣子對待君主那樣，面向北，以聽天的指示：

易抱龜南面，天子卷冕北面，雖有明知之心，必進斷其志焉，示不敢專，以尊天也。（《禮記・祭義》）

據《尚書・洪範》篇，國家每有大事，要徵求五個方面的意見。這五個方面是：天子、卿士、庶人、卜、筮。如果大家一致同意，就是「大同」，上上大吉。

若天子同意，卜贊同，筮贊同，卿士和庶民反對，吉。
若卿士贊同，卜、筮贊同，天子和庶民反對，吉。
若庶民贊同，卜、筮贊同，天子和卿士反對，也吉。

天子贊同，卜贊同，筮反對、卿士和庶民都反對，內事吉，外事凶。

假若卜、筮一起反對，那就安安靜靜，什麼也不要作。如果有所行動，一定是「凶」的結果。

由此可以看出，在古代國家，卜筮所表達的意志，要高於人的意志，甚至高於天子的意志。因為卜筮表達的是天意。

卜筮的地位也就是《周易》的地位，《周易》在古代社會享有崇高的地位。秦朝焚書，因為《周易》是卜筮之書而未燒。用今天的眼光看來，似乎是秦朝輕賤《周易》，事實恐怕是恰恰相反，這正是對《周易》的重視。因為卜筮所傳達的，乃是天意。說《周易》是卜筮書，就是說《周易》是傳達天意的書，自然不能燒。

這是我們從《周禮》中看到的第一個問題：《周易》在古代社會具有十分崇高的地位。在《周易》中，天意的表達採取了什麼形式呢?用《周易》的話說，一個是象，一個是辭。象，就是卦爻象;辭，就是卦爻辭。

依《易傳》所說，那卦爻象都是聖人伏羲仰觀俯察得來的，因此，卦爻象都是抽象的象徵。比如象徵天、地、牛、馬、竹子、山河等等。但從卦爻辭看來，卻完全不是那麼回事。

六十四卦辭，三百八十六條爻辭中，與卦象所象徵的物象呈對應的，極其罕見。事實本身表明，卦爻辭創作者幾乎還不知道後來的觀物取象說，不知道卦象象徵著什麼。也就是說，那些卦象本不是物象的符號，而僅是吉凶的符號。至於為什麼這樣的符號吉，那樣的符號凶，則只有當事者知道了。

這些表示吉凶的符號，在某種意義上，可以說就是一種圖。不必是一種圖畫，但至少是一種圖像。而後來的所謂易圖，其中多數也就是一種圖像。因此，完全可以說，卦象本身就是圖。而前人，也早已表達過類似的意思。

《周易》的功能在占卜，占卜所要求的是知道吉凶，而卦象本身就完全可以滿足這些要求，所以當時的人們，沒有必要在卦象以外再創作什麼圖。可以斷定，在卦爻辭出現以前，在卦象之外也不會有什麼圖。

卦象由八個發展到六十四個，於是有了卦名。卦名的出現，當是為了便於記憶，但是，用什麼來給卦象命名，則反映了命名者的一些思想。從現存的卦名看來，它們多是物象或事象。如井、鼎等是物，其他，訟、旅、損、益等是事。二者相比，以事命名的佔絕對多數，這說明在命名者看來，卦象多是事象的象徵，因為無論是吉是凶，都是因事而論，並且是發生在事的進行過程之中或之終。

卦象的命名者認為卦象象徵著事，而那些卦象也大體可以滿足他們象徵事象的需要，即使不滿足，他們也只可以到卦象本身去尋求解決，比如讓每一爻都承擔一種事象的象徵，而不會在卦象之外再創作什麼圖像。況且，把事象轉換為圖像，是一種非常困難的工作。比如訟，比如循，如果要用圖像來象徵它，該如何畫？假如不是把它們作成圖畫，就只能仍然歸到卦爻符號的結合。另外創制一套，難以得到承認，這也已為後來的事實所證明。在這一階段，古人也不會於卦象之外又創作什麼圖。

卦爻辭與卦名的出現，誰先誰後，沒有可靠的材料可以判定，不過這沒有關係。在《周易之河說解》中，我們已經說過，卦爻辭的出現，是古代思想發展的產物，人們不滿足於知道吉凶為止，而要知道為什麼吉凶。卦爻辭，就是對吉凶理由的說明。

一般說來，吉凶的理由是神的、上帝的理由，所以卦爻辭所說，乃是神意、上帝之意：「建陰陽天地之情以為易。」也就是說，卦爻辭乃是神諭。

從古代各個民族的情況看來，神諭的特點有兩個：1.神諭是一種預言；2.神諭往往含糊其詞，需要專門的神職人員進行解說。為了說明神諭的特點，我們且舉一些例子。

秦始皇派盧生入海求仙藥，仙藥沒得到，帶回一張圖，上面有一條神諭：「亡秦者胡也。」秦始皇認為「胡」就是胡人，所以派蒙恬帶了三十萬兵，整修長城，防禦胡人。然而使秦朝滅亡的，並不是胡人。於是人們說，「胡」不是胡人，而是胡亥，正是這個秦二世胡亥倒行逆施，造成了秦朝的滅亡。

不論人們對這種神諭的解說如何，我們從中可以明白一點，神諭是不明確的。甚至你自以為明明白白，其實並不明白。

漢代，這樣的神諭被大量的製造出來。其中有些明明白白，如「告安漢公莽為皇帝」，就意思明確。然而像這樣明確的太少了，多數不十分明確，甚至十分不明確。如支持劉秀作皇帝的一些讖言：「赤三德，昌九世，會修符，合帝際，勉刻封。」云云，就不大明確了。而這樣不明確的神諭讖言，卻是神諭的基本特點，在數量上也佔絕對優勢。

由於不明確，解釋起來就非常麻煩，甚至嚴重歧義。所以，如何解釋這些讖言，是東漢時代的一門學問。東漢的儒者，其傳記或碑文上往往寫明「精通圖識」的評語，就是說他善於解釋哪些神諭。至於他的解釋是否符合神的本意，那就非常難說了。因為神的本意全在於解釋。比如「亡秦者胡也」，你說神的本意，究竟是要說胡人亡秦，還是要說明胡亥亡秦呢？

這樣的情況，極便於一些奸詐小人弄鬼。《後漢書》卷四十八載：有一次，皇帝要通過考試選拔尚書，翟某怕同事孫懿考得好，就去找孫，見面就哭。孫問怎麼回事？翟說神諭上有一條說，漢賊孫登，將因為才高遭宦官陷害。我覺得這一條說的就是你。因為我倆平素要好，所以忍不住流淚。孫懿於是托病不參加考試，而翟某就穩穩當當作了尚書。

神諭有時也會捉弄造神者自己。北朝末年有個叫劉靈助的，因卜筮得到爾朱榮信任。爾朱榮死後，他自稱燕王，並算定爾朱氏一定滅亡，而自己一定會進入爾朱氏佔據的定州。結果，他的確到了定州，不過是戰敗被俘，被殺於定州。

佛教也有神諭。比如惠能離開五祖時，五祖弘忍交待他：「逢懷則止，遇會則藏。」當時他並不明白是什麼意思。後來到了曹溪山寶林寺，被惡人追殺，才想起師父的話，於是就在廣東省四會、懷集兩縣躲藏起來，一直過了十幾年。至於惠能送惠明的兩句神諭：「逢袁則止，遇蒙則居」，也是意思不明，十分費解的。

神諭，是各個古代民族共有的現象。獲得神諭的方式，也各不相同。或由神職人員以降神術轉述，或由作夢，或由占卜等等。卦爻辭，就是人們在占筮時獲得的神諭。

《易經》卦爻辭，也具有神諭的基本特點：它是預言，但講得不明確，須有專門的神職人員加以解釋。而且，也只有專門神職人員的解釋才是正確的。其別人，無論你才高八斗、學富五車，其解釋都沒有意義，不算數的。

因此，卦爻辭的意義，本質上是不可解的。比如「見龍在田，利見大人」。為什麼「見龍在田」就「利見大人」？龍是什麼？「在田」是什麼意思？是在田野裡，還是在打獵時？「利見」是什麼意思？「大人」是誰？人們常常以為這些非常明白，其實並不一定如此。還有非常著名的「黃裳元吉」，王弼和程頤的解釋就大相徑庭。

比較起來，卦爻辭最不易解的是為什麼吉，為什麼凶？至於卦爻辭本身的內容，可解度還稍大一些。如「屯如邅如，乘馬斑如，匪寇，婚媾。女子貞不字，十年乃字」，還大體可知其本身內容。至於占到這樣的內容是吉是凶，為什麼吉凶，則只有當時的神職人員解釋了。

一般說來，以郭沫若等人為代表的現代《易》學學者，也主要是經由文字訓詁，了解一些卦爻辭自身的內容，進而透過這些內容，搜集一些古代社會情況的殘片。

在人們想到要說明吉凶的理由，因而製造神諭，創作卦爻辭的時候，人們也沒有創作什麼《易》圖。從歷史文獻中，找不到在這一時期有什麼《易》圖的痕跡。提到「河出圖」，是《易傳》中的事。

《易經》卦爻辭，多是講的某些事件，再由這些事件，來講述吉凶悔吝，有咎無咎。如果要將這些內容畫成圖，就只能是一些圖畫，而不是圖象。後來的《易》圖，與卦爻辭的聯繫也甚少。只有「七日來復」等少數幾條被後人作成圖(見：劉牧《易數鉤隱圖》)。在易圖之中，這樣的圖也很少。《易》圖，主要是表達抽象意義的象徵圖，而那些講述抽象意義的文字，主要在《易傳》之中，不在《易經》。

《周易》在古代文化中的地位

上一節我們已經講過，《周易》在古代社會生活中佔有非常重要的地位，它是天意的傳達者，在決定國家大事的時候，具有舉足輕重的作用。

但是，人們不能僅靠天意活著。無論是大文化（人類創造的一切）還是僅從思想文化的角度來看，《周易》在古人的文化創造中都僅佔很小的一個部分。

這種情況，如果打一個比方，就清楚明白。比如在現代國家中，國家元首的指令在社會生活中佔有非常重要的地位，這是任何一個正常人都能夠理解的。但是，就整個社會的文化創造來說，國家元首的指令也只佔很小的一個部分。因為在這個國家元首之前，人類已經歷了成千上萬年的發展，在這成千上萬年的發展中，人類積累了許許多多的文化創造，這些文化創造作為遺產，與這位元首是無關的。就在這位國家元首執政的時候，他的指令，也僅在社會生活的某些關節點上起一種槓桿作用。社會生活本身還要靠社會成員的集體創造。

再說得具體一點，比如文藝創作吧，現在許多國家都有指令：反對生產或進口淫穢聲像產品。對於聲像市場，無疑具有重要意義。然而，非淫穢聲像產品的生產，卻不是由於這道指令的結果，也不是這道指令所創造的。

比較起來，《周易》在社會生活中的作用，還趕不上我們用作比喻的元首指令。元首指令直接干預社會生活，指出要作什麼，不作什麼，怎麼作，而《周易》傳達的上帝指示，僅在人們要做什麼事時，告訴人們該不該做。卻並不告訴人們做什麼，也不告訴人們怎麼做。二者相同的是，在《周易》之前，人們社會生活也已經歷了成千上萬年的發展。

假定古書所說的為真，則追到夏禹，大約距今才四千年。夏禹上溯到黃帝，不過十代，以每代三十年計，最多不過三百年。黃帝再往上，距伏羲也不過數百年。即使伏羲作卦為真，距今也不過五千年。加一倍，一萬年，又如何呢？我們今天所知道的人類歷史，若從北京猿人計起，則已度過了幾十萬年。伏羲距今的時代，可能還不夠十萬以後的零頭。在那幾十萬年的歲月裡，無論人類的發展多麼緩慢，還是有許許多多的文化創造。這些文化創造，與八卦、《周易》，都是沒有關係的。

在《周易》產生以後，《周易》也僅是人類整個文化創造的一小部分，就像國王的指令僅是文化創造的一小部分一樣。讓我們還以《周禮》為根據，來說明《周易》在整個文化中的地位吧！

假設《周禮》中的設官分職，已經包括了人類文化創造的所有方面，則設這個總的文化體系為一。那麼在天、地、春、夏、秋、冬六大系統之中，春官系統僅為這文化體系的六分之一。

在春官系統中，可確定為次級職官的，有：太司樂、太師、太卜、太祝、太史等。依比例計，則太卜佔春官系統中的五分之一。在整個文化系統中，則佔：

$1/6 \times 1/5 = 1/30$

太卜系統中，又有七部官員，筮人佔太卜系統中的七分之一。依例計算，則筮人在總文化體系中佔：

$1/30 \times 1/7 = 1/210$

筮人所掌三易，則《周易》僅佔整個文化系統的：

$1/3 \times 1/210 = 1/630$

當然，這個量的計算不像其他可量度之物那樣準確，因此，這可以說僅是一種示意量。然而，不論這種示意量多麼粗糙，它還是反映了一定的實際。《周易》，作為中國古代文化創造，僅是當時眾多文化創造中的一小部分而已。

僅就占卜而論，依《尚書・洪範》，似乎僅有《周易》占筮和龜卜承擔著傳達天意、決定國家大事的使命，實則並非如此。

據《周禮》，太卜之下，其占卜手段有：龜卜、占筮、占夢；與太卜平行，是太史。太史負責星占，其地位和作用，也決不亞於占卜。而且隨著歷史的發展，星占的作用越來越重要，《周易》的占筮地位反倒逐漸衰落，不過這是後話了。

《周易》在古代文化中的地位，類似莊子講的一個故事。

魏國和齊國有約，齊國背叛了魏國，魏王發怒，要起兵打齊國，誰勸也不聽，於是惠施把戴晉人推薦給了魏王。

戴晉人說：「有一種東西叫蝸牛，大王知道嗎？」

魏王說：「知道。」

戴晉人說：「蝸牛有兩隻角。左角上有個國家，國王姓蠻；右角上有個國家，國王姓觸。為了爭奪土地，兩國不斷打仗，死的人有好幾萬，勝利者追趕逃敵，追了半個月才回來。」

魏王說：「這是你瞎編的故事。」

戴晉人說：「那我就給你說件真事。你看這上下、四方，有沒有窮盡呢？」

魏王說：「沒有。」

戴晉人說：「對了。那麼，你心裡頭已經知道這世界是無窮的，再回頭來看看那有人居住的地方，和這無窮之大相比，不是說有也可，說它沒有，不存在，也是可以的嗎？」

魏王說：「是的。」

「那麼，這有人居住的地方之中，有個魏國，魏國之中，有個城市叫梁；梁城之中，有個大王您；那麼，大王您和那蝸牛左角上的國王蠻氏，有什麼區別呢？」

魏王回答：「沒有什麼區別。」

戴晉人走了，魏王悵然若失。當然，他也放棄了進攻齊國的念頭。

用《莊子》的原話，就是「通達之中有魏，於魏中有梁，於梁中有王」（《莊子・則陽》）。「通達」的意思，就是人跡所到之處，就是文化存在之處。

因此，我們完全可以說：整個人類文化之中有中國文化，中國文化之中有中國古代文化，中國古代文化中有一種叫占卜術，占卜術中有一種叫《周易》。那麼，《周易》和魏王、和巒氏，又有什麼區別呢？

或者說，《周易》不只是占卜術。那又有什麼區別呢？中國古文化中有儒經，儒經之中有《周易》，如此而已。

我這麼說，或許會引起不少熱愛《周易》，熱愛中國傳統文化的先生們的反感，以為我在貶低《周易》，貶低中國傳統文化，實際上這完全是一種誤解。這裡有一個「張松效應」問題，熱愛《周易》，熱愛中國傳統文化的先生們不能不加以注意。

《三國演義》第六十回，張松到許昌見曹操，楊修自恃才高，小覷天下之士。然而經與張松一番唇舌往來，不得不掩旗息鼓，於是問張松道：「蜀中人物如何？」

張松答道：「文有相如之賦，武有伏波之才，醫有仲景之能，卜有君平之隱，九流三教，出乎其類、拔乎其萃者，不可勝記，豈能盡數！」

楊修又問：「方今劉季玉手下，如公者還有幾人？」

松曰：「文武全才，智勇足備，忠義慷慨之士，動以百數。如松不才之輩，車載斗量，不可勝記。」」

像張松這樣，才是一個既會頌揚自己，又會頌揚蜀中人物的人。從張松到現在，將近一千八百年了，我們要頌揚自己的傳統文化，難道還不如這個「濫充別駕」的張松嗎？《周易》偉大，然而我們說，中國古代的文化創造，如《周易》者，「動以百數」，甚至「車載斗量」，如何？如果我們說，《周易》偉大，其他都不如《周易》，或者說，都不過是從《周易》而來，那又將如何呢？

與「張松效應」相反的，是「楊廣效應」。隋煬帝楊廣，文武全才。年紀輕輕就曾統率數十萬大軍，獨擋一面。並且文章詩賦也作得很好。他常常說，即使比武藝，論文采，自己也應該作皇帝。於是目空一切，胡作非為，不僅弄得自己身敗名裂，而且弄得國亡家破。隋煬帝確實才高，然而恃才傲物，認為誰都不如自己，並且還要依仗自己那點本事，東征北伐。以為只要自己想幹的事，定會成功。結果則事與願違，教訓在哪裡呢？

不過比起我們今天的某些《易》學家，楊廣那點傲氣又是微不足道了。他們認為，只要我們有了《周易》，就什麼問題都可以解決，甚至可使二十一世紀成為中國的世紀！

時至今日，人們應該知道，不僅金錢美女會腐蝕人，權力和榮譽也會腐蝕人。過份的頌揚，不合實際的吹捧，往往是愛之適以害之，捧之實足以殺之。這不是聳人聽聞，而是多少次血跡教訓所換來的真理。希望那些真正愛護中華傳統文化的人們不要忘記這個真理。

我們在這裡談了《周易》在當時文化結構中的地位，並不是撇開主題，濫發議論。因為只有首先確定《周易》在古文化中的地位，才好進一步確定《易》圖在古文化中的地位。確定了二者的文化地位，再來看二者的關係，才有可能獲得一些正確的判斷。

秦漢間文獻中的圖像

據朱熹的考察，在孔子聚徒講學的時候，《周易》還不成其為一門學科，所以無法教人。孔子給學生教授的知識之中，就沒有《周易》。那時候的《周易》，還只是掌握在專門的神職人員手中。怎樣判斷吉凶？還總結不出一些成型的知識，所以只能以師帶徒。不像今天，還可以辦些預測培訓班來教授如何算卦。由此一點也可以看出，古人不如今人的地方太多了。

那時的儒家，其代表性經典還是《詩》、《書》、《禮》，而沒有《周易》。《論語・述而》篇說：「子所雅言：詩、書、執禮，皆雅言也。」《論語・泰伯》篇：「子曰：興於詩，立於禮，成於樂。」孔子教兒：「不學詩，無以言」，「不學禮，無以立」（《論語・季氏》）。莊子後來諷刺儒家：「儒以詩、禮發冢」（《莊子・外物》），還是把詩、書、禮作為儒家的代表和標誌。

孔子於《易》，則是另一種情況。孔子讀《易》，「韋編三絕」，他自己還處於艱苦攻讀未能掌握的狀態。所以他慨嘆：「加我數年，五十以學《易》，可以無大過矣」（《論語・述而》）。據前代學者考證，這裡的「五十」是字誤，孔子當時已快七十歲了。這樣的情況，孔子是無法用來教學生的。

孔子以後，諸子蜂起，各執一說，各述一理。都是其所是，而非其所非。並且都持之有故，言之成理，自圓其說。因而都認為天下的道理全在自己手中，只要按自己那一套行事，就會使國家富強、天下太平。那時候，諸侯們用武器爭鬥，學者們用理論爭論。而且不論是武鬥還是文爭，都非常激烈。戰國時期的思想文化，可說就是這百家爭鳴的文化。

在百家爭鳴中，形成了《易傳》。然而我們知道，爭鳴各家，都有類似於《易傳》的創造：《老子》、《莊子》、《墨子》、《孫子》、《管子》、《荀子》、《韓非子》、《呂氏春秋》，這些都僅是保留下來的，還有更大量的文獻，因為各種原因失散了。

和這眾多的子書相比，《易傳》也只是一種子書。《易傳》被尊為經，那是由於人為的因素、獨尊儒術的結果。與其他子書相比，《易傳》有自己的長處，為其他子書所不及。然而，其他子書也有為《易傳》所不及的長處，不互相統屬，也不能互相替代。老、莊、荀、韓、楊、墨、孫，哪一家是《易傳》能夠替代的呢？在中華民族文化史上，都是不朽的創造，都放射著燦爛的光芒。在這個群星燦爛的時代，《易傳》不僅不具有特殊崇高的地位，而且恐怕還要遜於諸子中的大多數。因為《莊子》、《荀子》、《呂氏春秋》等書，都從不同角度提到了當時的諸子和他們的主張，但是，他們沒有特意提到過《易傳》。《易傳》還未能取得獨立一家的資格。

這一時期，思想家們忙於創造理論。他們要求發展自己，也要反駁別人。忙碌的理論活動，使它們還不可能將自己的思想成果形諸圖象。當然，也沒有可能創作《易》圖。

在《易傳》中，提到了「河出圖」的事，這個問題以後還要專門論述，這裡我們僅僅指出，至少到漢代滅亡，所謂河圖、洛書，和《周易》還是兩碼事，互不相干，各自獨立。可惜這樣一件歷史事實，至今還少人注意。

六國滅亡，秦朝統一。秦朝以吏為師，用不到更多的書。後來焚書，只留了一些種地、栽樹、治病之類被認為「有用」的書。各國的史書、諸子的理論著作，包括儒經，都統統燒掉。因為在秦朝人眼裡，那些書都是無用的。不僅無用，而且是不法之徒搗亂的工具，所以要燒掉。《周易》作為占筮書而未被燒，大約也是由於它和種地、醫病一樣，是有用的書。雖然這並非是對《周易》的輕賤，卻也未給《周易》以獨特的地位。

不過，若從另一角度看來，秦朝人這樣地看待《周易》，確也不是《周易》的光榮。秦朝人焚詩、書，因為那上面有先王之道，而他們是不信先王之道的；他們焚燒各國史書，那是不想讓各國的後裔知道自己的歷史，就像讓一個螟蛉子忘掉自己的祖宗姓氏一樣；他們焚燒子書，因為子書都各有一套社會的倫理的主張，有些人會以此為據對現存統治說三道四，三者合一，這些書對秦朝人的統治都是很不利的。這些在秦朝人看來對自己是非常沒用的東西，卻有一個極大的用處，就是可能成為反對派的理論武器，是自己的勁敵。而《周易》，則被秦朝人認為不足以給自己造成什麼威脅。《周易》如果是個人，它會作如何感想呢？

秦朝滅亡，儒者陸賈在劉邦面前，仍然時時稱道《詩》、《書》，卻不及《周易》。後來文景信黃老，漢武帝時才獨尊儒術，《周易》被作為儒經，與《詩》、《書》、《禮》並列。

從《史記·儒林傳》看來，司馬遷當時的儒學，仍是以《詩》、《書》居首，然後才是《禮》、《易》、《春秋》。從其中所介紹的份量看，則董仲舒的《春秋》學雖在最後，份量卻很重。而在《太史公自序》中，認為「撥亂世反之正，莫近於《春秋》」，說：「萬物之散聚，皆在《春秋》。」「《春秋》者，禮義之大宗也。」對《春秋》的這種評價，不僅是由於《春秋》、《史記》都是史書，也反映了當時的儒學狀況。

漢代儒學，最重要的創造是天人感應說。天人感應說最重要的創立者是董仲舒，董仲舒最重視的儒經就是《春秋》。漢代經學之中，可說最重要的一門是《春秋》學。《易》學，至少在相當一段時期內，還不能和《春秋》學相比。

董仲舒的《春秋》學，主要是講災異，即天人感應。災異說進一步發展，就是讖緯。西漢末年，讖緯書大量出現。這些書到底有多少？由於歷代的禁止、焚毀，或者由於自然的喪失，今天已難以統計。但據後人的輯佚情況看來，這些讖書多是依經分類，如《詩經》緯、《尚書》緯、《春秋》緯等等，每一類緯書，依今日可查到的書目，差不多都有數十、甚至上百種，稍微特別的是《周易》類，只有七、八種。

讖是預言，緯是經解。但在西漢末年合流了。讖也自稱是經解，緯也發出許多預言。讖緯就都以解經的面目出現了，所以又被通稱為緯書。緯書往往被配上圖，稱「圖緯」。這種圖文並茂的想法，單從出版、傳播信息這個角度看，實在是一種極好的想法。那時候，大約絕大多數緯書都配了插圖。

這裡，又是《易》緯有所例外。七、八種《易》緯中，只有一兩種有圖。而且那圖還很難稱其為圖。比如《稽覽圖》，從書名看，是有圖的。但看那正文，大卻沒有圖。如果說圖，大約是書中將卦分類的幾份表。那實在只能叫做表格，大約為備「稽覽」之用。和後來所說的《易》圖，還相去甚遠。

在《易》圖盛行以後，有人說，六經都可以有圖，唯獨《易經》，不需要圖。那意思大概是說，其他儒經，講的大都是事件、制度、器物之類，所以必須配上插圖，才好使後人明白。比如禮書吧，上面講到各種禮器、衣服、制度。如果不配上插圖，光憑文字，實在難以弄清什麼叫豆，什麼叫冕，什麼是深衣，如此等等。配上圖，就一目了然。又比如《詩》，《關雎》一詩，若配上圖，也可使詩情化作畫意，加深對詩的理解，如此等等。而《尚書》中的「河圖」，之所以至今還在爭論不休，就是沒有配上插圖。假如插圖上有當時人畫的天球、河圖，就可免除二千多年來的爭論。

但《易》用不著圖。不僅用不著，而且用了反而不美，反而會使抽象的意味變質、遜色。如果說；「日往則月來」還可以作圖，「剛柔相推」可就困難多了。至於「一陰一陽之謂道」就更難訴諸形象。如果把表達抽象思維的命題、判斷，用形象表示，使之成為形象思維，要它不變味兒，幾乎是不可能的。所以《周易》不可以作圖。這大約是持「《周易》不須圖」的主張者的理由。

然而無論如何，漢代的《易》緯基本無圖，漢代的正式《易》學著作（列入學官的）也未見有作圖的記載。因此，一般說來，可以作出如下結論：漢代的易學著作是無圖的，或基本無圖的。

兩漢之交，情況發生了某些變化。據《漢書》，班固已經把《易》作為六經之首，並且認為《易》是其他五經之原。一般說來，班固的思想源於劉歆。也就是說，《易經》地位的提高，是從劉歆時代就開始了。

然而劉歆是古文學派，劉歆與班固的意見，可能僅反映了古文學派的意見。不過無論如何，《易》的地位還是有了一些變化。但是，雖然《易》被稱為六經之首，其實際地位似乎未超過《春秋》。

西漢末年，王莽當政，後來靠圖讖作了皇帝，於是頒佈圖讖於天下。王莽頒佈的是什麼樣子？有多少篇？由於遭到劉秀的廢止，今天已無從得知了。劉秀作皇帝，也照樣辦理。

據張衡所上的《請禁絕圖讖疏》以及他自己的說明，知道當時成為國家定本的，有八十一篇。八十一篇中，「河洛五九」，即河圖，洛書類有四十五篇；「六藝」四九，即六經緯有三十六篇。

「六藝」類中，《隋書・經籍志》說是「七經」。「七經緯」的卷數，《隋書・經籍志》所載為：

易緯八卷；

尚書緯八卷（包括《尚書中侯》）；
詩緯十八卷；
禮緯五卷（包括《禮記默房》）；
樂緯三卷；
春秋災異十五卷；
孝經緯十四卷（三種）。
據有人統計，「七經緯」三十六種為：
易緯六種；
詩緯二種；
禮緯三種；
書緯五種；
樂緯三種；
春秋緯十四種；
孝經緯二種。
各種卷數、篇目、種類的統計，都顯示出人們對六經的不同興趣。看起來，漢代人對《春秋》的興趣還是最濃，《春秋》緯的卷數或種類總是最多。《春秋》，乃是漢代最重視的儒經。雖然班固說《易》為六經之首，是其它經書之原，但就其實際來看，《易》的地位還是不如《春秋》。

尤其是，《易》緯基本上是無圖的，漢人其他《易》學著作，也沒有圖。

易圖的興起和當代尋根運動

說漢代《易》著無圖，只是就其大體而言。《易緯・稽覽圖》，似把表格一類的東西也稱作圖，也不是絕對不能成立。後世也有把表格之類的東西稱作圖的，比如《傳法世系圖》，也不過是把許多名字用線條聯上就是。其實這樣的內容，用表也可以解決的。

比如《史記》的《十二諸侯年表》，班固的《古今人物表》以及史書中常見的《百官公卿表》等。不過叫做圖，也不是絕對不可。圖、表本來就相距不遠。從這個意義上說，漢代的《易》著可以說是開始有了圖。

我們在《太平經》中查到一種表示抽象意義的圖（如圖1）。該圖從裡到

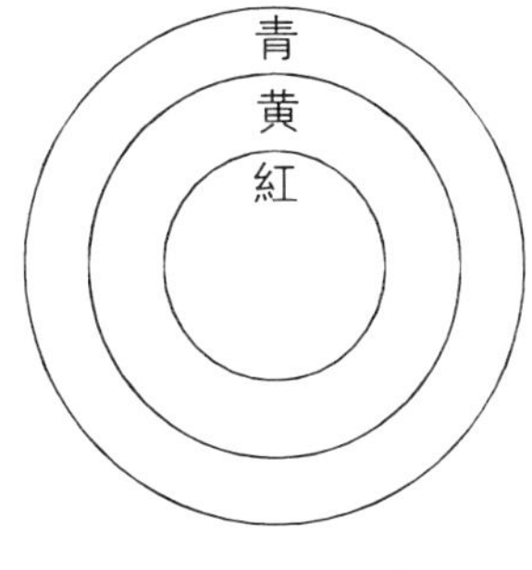

圖1 《太平經》中的圖

外，作紅、黃、青三色，其意義是象徵虛無自然。該圖載於《太平經》卷一百三《虛無無為自然圖道畢成誡》。《太平經》中還有一些圖，如東壁圖、西壁圖、乘雲駕龍圖，則都是神仙生活的圖畫。至於這些圖像、圖畫是否果然出於漢代，還需進一步確認。

漢代以後，是王弼「掃象數」。王弼《周易注》，不注《繫辭》等傳。這個事實表明，王弼所尊奉的，只是《易經》經文。王弼之後，他的《周易注》和鄭玄的《周易注》，互爭雄長，都曾作為學者們的樣本。他們的《周易注》，都沒有圖。可以相信，此後數百年中的《周易》著作，基本上也是無圖的。

大約在梁代，出現了幾部以圖命名的《易》學著作，如《周易乾坤三象》、《周易新圖》，大約是配有圖象的《易》學著作。還有《周易普玄圖》八卷，薛景和撰，也載於《隋書・經籍誌》。不過這些著作都沒有流傳下來，那些圖什麼樣子，也就不得而知。而且這幾部書，當時未列入存書目錄，或是已亡，或是並不受重視。

《隋書・經籍誌》子部五行類，有：

《易通統卦驗玄圖》一卷；

《易通統圖》二卷；

《易新圖序》一卷；

又《易通統圖》一卷；

《易八卦命錄斗內圖》一卷；

《易斗圖》一卷；

《易八卦斗內圖》二卷；

《八卦斗內圖》二卷；

《周易分野星圖》一卷；

《八卦斗內圖》下，注有梁代《周易八卦五行圖》、《周易斗中八卦絕命圖》、《周易斗中八卦推游年圖》。

從這些名字看來，當時的《易》圖大約包括以下幾項內容：八卦、北斗星或其它星象、五行、錄命等。大約是把上述內容配合起來進行占卜。因為內容已超出了《周易》的範圍，比如有斗星、五行、錄命等，當時的人們已不把這些著作列入《易》類，而歸於五行類，視作占卜書。至於這一類中的玄圖、通統圖，則不知畫些什麼了。

假如把這些圖都算作《易》圖，則它們在歷史上都沒造成什麼大的影響。時至今日，如果不是專門搜尋，很難知道這些著作的存在。這些《易》圖的共同特點，大約僅是用卦象和其他因素相配合以從事占卜，不過是占卜的一種新形式，沒有給《易》學增添什麼新內容，也引不起人們的注意。就像現存不少《易》圖中往往借用音律符號，由於這些圖象未給音律學增添什麼新內容，也引不起人們對音律學的注意。

《易》圖引起人們重視，並形成學術潮流，開始於宋代。在宋代，又是開始於劉牧創作《河圖》、《洛書》。其後是邵雍創作《先天圖》、周敦頤創作《太極圖》。這些圖，都由於朱熹的推崇和表彰而得以廣泛流行起來，並且以這些圖為核心，人們又創作了各種各樣的《易》圖。在明清之際，其數量就達到了數以千計。

從宋代開始，《易》圖創作之所以能形成強大的潮流，其重要原因是：第一，這些圖都假托聖人或神靈。比如黑白點《河圖》、《洛書》被說成是龍馬神龜從黃河、洛河中負銜上來的圖；第二，它們對於《易》學的基本問題提供了一種新的解釋。比如把黑白點《河圖》、《洛書》說成是八卦的起源，《先天圖》提供了一種新的八卦方位，並說成是伏羲所畫。

《易》被說成是諸經之源，《河圖》等又是《易》之源，《易》的基礎，於是這些《易》圖就成了說《易》之學繞不過去的問題。不像《隋書・經籍誌》所載的那些《易》圖，僅是借用卦象去說明某些具體問題，《易》學家們完全可以不理會它。要麼是擁護，那就頂禮膜拜，把它們說成自己立論的基礎、學說的始祖。要麼反對，那就拋棄它。但是拋棄不能簡單拋棄，必須說出一番理由。這些反對的理由固然揭示了一些真象，卻也加強了人們對《易》圖的注意。從而更加推動了《易》圖的傳播。

早在班固說《周易》為諸經之原以前，易學家們就開始把《周易》中的某些因素說成是某些文化現象的源泉。如《易緯・乾鑿度》說☰是古「天」字，☷是古

「地」字，就容易使人推想，卦象大約就是上古的文字，因而卦象就是文字之源。而文章是由文字組成的，那麼，卦象就又成了一切文章之源。假若承認八卦是由《河圖》而來，則《河圖》自然就成了文字、文章之源。劉勰《文心雕龍》說：

人文之元，肇自太極，幽贊神明，《易》象唯先（《文心雕龍·原道》）。

「人文」的內容，包括各種文化典籍。劉勰的意見，是班固《易》為六經之原的發展。後來，人們還徑直把《河圖》作為文字之源。

至於《易傳》中提到的一些數字，在漢代就被劉歆賦予了神秘的意義。劉歆說，這些數，是天地之數。而天地之數就是神聖之數。這些神聖之數，乃是一切數的源泉。比如曆法數據，其根據就在這些《易傳》中的天地之數，或簡稱為《易》數。

概念的不清，在這裡幫助了一些糊塗觀念的傳播。從一到十，這十個自然數碼，以及它們的某些配合，如五十、五十五，在《易傳》裡的確可以找到。且不說這十個數碼的根是否就在《易》傳，還是《易傳》中的這十個數碼源於它處，即使說，這十個數碼及它們所代表的量，其根就在《易傳》，那麼，《易》數就能成為曆數的根據嗎？

要知道，這裡說的「曆數」，乃是一種量，一種客觀存在的量的關係。這個量以及量的關係，存在於天體運行的實際之中，而不存在於《易傳》之中。人們用這十個數碼去推算那實際存在的數量，表示那實際存在的數量，但數碼本身不是數量，數量也不是這些數碼隨意拼合的結果。但是，劉歆不去思量這些事。在他看來，數碼是數，數量也是數，既然都是數，當然可以把《易》數作為曆數的根據。

劉歆的作法遭到了許多批評，但是，在古代社會，神秘主義是不會絕跡的。唐代一行作曆法，就重蹈劉歆故轍。至於此外的神秘主義思想潮流，更是從無間斷。

當《河圖》、《洛書》又被認為是數的淵源的時候，一切關於數的神秘觀念就又集中到了《河圖》、《洛書》之中。他們不明白，數學，以及任一學科中的數量關係，都是某一類客觀存在的數量關係的反映，以及這些關係的邏輯推演，而不是《河圖》、《洛書》所代表的十個數字符號的任意配合。在這樣一些人們中間，總是頑固地認為，十個數碼是數學之源，《河圖》、《洛書》又是數碼之源，因此，《河圖》、《洛書》是數學之源。

大約在清代初年，鑒於西方天文、數學的傳入，興起了一種西學中源說。西學中源說認為全部數學的源泉，是勾股術；勾股術之源，是《河圖》、《洛書》。因而西方數學的一切建樹，從阿基米德到近代的代數術，都不過源於《河圖》、《洛書》，或者說，《河圖》、《洛書》裡早就有了。

類似傾向的發展，使人們把後來許多的重要文化建樹，都歸源於《易》圖，因為他們是《周易》之源，因而是中華民族文化之源。並且由於這種歸源，人們認為其中不知還蘊藏著多少奧秘，所以紛紛去尋找。各種揭開《易》圖之秘的消息紛至沓來，就是這種努力尋找的成果，也是當前《周易》熱中《易》圖更熱的重要原因。

這是一個從一點出發，向前後同時進發的思想進展運動。向前，是要用《周易》去解決我們中華民族的前途、命運問題；向後，是一個偉大的尋根運動，尋找中華民族的根，尋找中華民族文化的根。

尋根的基本手段，是研究歷史。那個寫了《尋根》一書的美國黑人作家，就是經由研究自己家族的歷史，而找到了自己的根。

在現實生活中，人們往往不重視歷史研究，認為研究歷史無關當前，是一件可有可無、甚至是一件無用的事業。許多短視的政治家，往往有意無意地保持著這樣的觀點。但是，若具體到個人，則幾乎無人不願知道自己的根：父母是誰？屬哪個家族？哪個民族？哪個國家？而這家族、民族、國家的根又在哪裡？尋根的直接後果是一種歸屬感，伴隨著歸屬感而來的，是一種安全感、自豪感，似乎身體和心靈都有了某種寄托和憑藉。這對於形成一個家族、一個民族的凝聚力，有著重大的作用。

然而，伴隨著尋根而來的，也往往會有一些自我封閉意識、夜郎自大思想，甚至阿Q精神，陶醉於自己歷史的某些片斷。甚至為了陶醉，而不適當地誇大自己歷史的某些方面、某些事件。特別是對於一些落後民族，為了反對民族自卑感，而往往出現一些民族自大感。民族自卑感與民族自大感這兩個方面，對於正確認識自己，對於自己在今後的進步，都是不利的。

自然史上的尋根運動，尋到根以後，並不對根發生多少崇拜和迷信。如找到了人的根是猿，往上追溯，可追到魚，甚至更簡單的動物，人們並不對這樣的根發生什麼崇拜感和神秘感。又如人們找到地球的根是星雲，人們也並不對星雲發生崇拜感和神秘感。

但文化上的尋根運動卻往往相反，人們找到了某種文化現象的根，往往會發生一種神秘感和崇拜感。似乎一種聲音在告訴他：許多文化成果都從這裡出來，那麼，這裡一定有著許許多多的奧秘，甚至有些奧秘還沒有發現！

手頭有一本阿根廷漫畫家季諾的《漫畫集》中譯本，其中講到瑪法達的弟弟吉野，用鉛筆在牆上亂塗亂畫。媽媽回來了，小傢伙顯然是為了逃避媽媽的責罵，就對媽媽說，他不知道鉛筆裡會藏有那麼多東西。

對於那個小傢伙吉野來說，他亂塗亂畫的那些東西，究竟是從鉛筆裡出來的，還是從他的腦袋裡出來的？他媽媽很清楚，他自己也很清楚，我們自然也不糊塗。但是，一涉及到《周易》、《易》圖這類問題，有些人就不那麼清楚了，他們總以為在那卦象、《易》圖之中，存在著無窮無盡的奧秘，後世的一切文化創造，都是從《周易》或《易》圖中出來。似乎假如沒有了《周易》，就不會有張仲景的當歸湯，不會有李白的「床前明月光」！

許多人常常把我們這個民族的文化精神歸結為中正平和，中庸之道。其實，這中正平和、中庸之道往往僅是古聖先賢的主張。而古聖先賢之所以如此主張，乃是因為現實之中太不中正平和、太少中庸之道的緣故。孔子當時就慨嘆行中庸之道的人太少了，以後也不很多。現實的情況往往是，用一句古話說：無所不用其極。

就說孝道吧。孝，自然是好事，沒有人主張兒女都要反對自己的父母，拋棄自己的父母。然而規定守喪三年，三年之中，不得婚嫁，不得作事，為官的必須辭職，這就有點過份了。即便如此，有人仍認為這樣尚不足以盡孝，守喪竟達二十年。這二十年裡，他就吃住在墓道裡。如此極端之事，勢必導致虛偽。

漢魏之際，一些人鑒於名教流於虛偽，於是提倡任其自然，主張保持人的本性。反對虛偽，提倡人性本是好事，然而一些人在這個口號下，又否認一切社會規範，他們和豬一起趴在坑裡飲酒，一絲不掛地接待客人，還說什麼天地是我的房子，房屋是我的褲子，客人你怎麼鑽到我的褲襠裡來了。於是種種傷風敗俗之事迭起。後人批評他們，說是他們這樣的作風導致了國家的滅亡，天下的混亂。這樣的指責雖然過份，但蔑視一切社會規範，把它們統統視作人性的桎梏，畜性的鼻具和籠頭，又未免過份。

為了糾正蔑視規範的弊病，宋儒又提倡存天理、滅人慾。極端者，結婚多時，尚不知男女之事為何物，不知自己為何有妻而無子。天理甚至成為杜人之口的尚方寶劍，一直弄到有人指責：「以理殺人。」

時至今日，流風依然未盡。提倡學習外國，於是就認為自己的傳統毫無是處，極端的言論，就是黃土地長不出好莊稼。

近年來扭轉此風，提倡民族文化，於是又認為凡是民族文化就都是好的，於是打卦算命也成了科學——預測學。討小老婆已有不少人在實行。纏小腳，我怕不久也會有人提倡，說只有那樣才體現女性美！而且，「五四」新文化運動似乎也受了株連，因為它反對民族文化！這傾向目前還在發展著，也是非走到極端不可了。極端在何處？現在還很難說。

至於《周易》研究，和這樣的風氣自然難脫關係。《周易》偉大，確是史實。然而不可走極端。不可把《周易》、《易》圖說成中華民族文化之原，不可以為中國古代的文化創造，從科學到文學，都是稟受了《周易》的旨意，更不可以為《周易》中已有了相對論、量子論等；最不可的，是以為我們只要有了《周易》，就會使二十一世紀成為中國的世紀，云云。真正偉大的人物，不怕困難和挫折，但怕吹捧。古往今來，多少英雄豪傑，被吹捧、拍馬屁所毀。

中國古代也給吹拍的言詞起了一個名詞，叫阿諛；給善於阿諛者起了個名字，叫佞人。我希望在《周易》研究中，少一些佞人和阿諛之言。

《易》與圖

那麼，《周易》和《易》圖到底什麼關係呢？

《易》圖的作者在談及《易》圖本身時，往往誇大其詞。或說《河圖》就是龍馬從黃河水中背負而出之圖，或說《先天圖》就是伏羲所畫云云。然而，在一般論及《易》與圖的關係時，他們也很清楚，這些圖，是根據《易傳》而作。

比如劉牧，他的《易數鉤隱圖》最早出現了黑白點《河圖》、《洛書》。他說，這黑白點《河圖》、《洛書》就是龍馬、靈龜從黃河、洛河裡銜負上來的。但在序言中，卻說的另是一樣。

在序言中，劉牧首先指出，從兩儀、四象到八卦、六十四卦，天下的道理就窮盡了，而卦，乃是聖人設的象：

卦者，聖人設之，觀於象也。

也就是說，聖人設卦，是把它作為一種象徵來觀察研究的。卦象象徵的，是抽象的道理：

象者，形上之應。

《易傳》說，形而上者謂之道，形而下者謂之器。所謂「形上之應」，就是說卦象是和那形而上的道相應的，是象徵抽象道理的。

但是，這象徵抽象道理的卦象，其本源卻是數：

原其本，則形由象生，象由數設。捨其數，則無由見四象所由之宗也。

數。

「形由象生」，是說有形者皆源於卦象。「象由數設」，就是說卦象來源於數。假如捨棄了數，就無法知道四象的來源，當然也無法知道八卦的來源。

那麼，數又來自何處呢？劉牧說：

是故仲尼之撰《易》也，必舉天地之極數，以明成變化而行鬼神之道。則知《易》之為書，必極數以知其本也。

古人認為，《易傳》是孔子所作。因此，這段話的意思實際上是說，是《易傳》把數作了卦象之本，也就是作了《周易》之本。

劉牧說，可惜得很，他以前的《易》學家，沒有一個懂得這個道理：

詳夫注疏之家，至於分經析義，妙盡精研。及乎解釋天地錯綜之數，則語惟簡略，與《繫辭》不偶，所以學者難曉其義也。

也就是說，《易》學家們解釋經文，都很精妙，但是，對那「天地錯綜之數」，就說得很簡單了。這樣，他們的解釋，就不能與《繫辭傳》相符。「學者難曉其義」，也就是難曉那《易傳》中「天地錯綜之數」的意思。

劉牧要改變這種狀況：

今採摭天地奇偶之數，自太極生兩儀而下，至於復卦，凡五十五位，點之成圖。於逐圖下，各釋其義，庶覽之者易曉耳。

這說得再明白不過的了。「今採摭」，誰「今採摭」？今天「誰」採摭？不是別人，正是劉牧自己。「採摭」什麼？採摭「天地奇偶之數」。「天地奇偶之數在何處？在《易傳》裡。更具體地說，在《繫辭傳》裡。劉牧從《繫辭傳》裡，採摭來「天地錯綜之數」，從太極、兩儀開始，到復卦為止，共五十五「位」，即五十五種依位排列的數陣，把這些點陣中的數變成由點作成的圖：「點之成圖」。並且在每一幅圖下，都加上說明。希望使讀者明白易懂。

而那黑白點《河圖》、《洛書》，就在這五十五幅圖之中。那麼，劉牧為什麼要這麼作呢？一言以蔽之：要使他的注疏與《繫辭傳》相偶、相符。因為他批評的那些注疏之家，其共同缺陷，也就是對天地之數解說不詳，因而與《繫辭傳》不偶。而他要糾正前人的，也就是這點，就是要讓自己的注疏與《繫辭傳》相偶。其方法，是把《繫辭傳》中的天地奇偶之數，變成黑白點陣的圖象。在這些黑白點陣的圖象之中，有一幅就是所謂《河圖》，還有一幅，就是所謂《洛書》。

這再明白不過地說出了黑白點《河圖》、《洛書》與《繫辭傳》的關係：那黑白點《河圖》、《洛書》是根據《繫辭傳》中的數而作的。

劉牧知道自己這麼作有點狂，但他不能停止，只能在序言之末表示自己的某些歉意。他說：

> 夫《易》道淵邈，雖往哲難窺於至賾。牧也蕞生、祖述，誠愧其狂簡。然則象有定位，變有定數，不能妄為之穿鑿耳。博雅君子，試為詳焉。

在劉牧看來，他的作法，是狂，但不是妄，那些象數，是不能妄為穿鑿的。

也就是說，他的那些圖，都是有根據的。然而，那些「定位」、「定數」，從哪裡來的呢？還不是來自《易傳》！因此，歸根到底，他還是忘不了，自己那五十五幅圖，其中包括《河圖》、《洛書》，是來自《易傳》！

劉牧之後，重要的《易》圖學家是朱震。那麼，朱震又是如何看待《易》圖和《易傳》的關係呢？朱震《漢上易傳》，附《卦圖》三卷。其上卷開頭就說：

卦圖，所以解剝彖象，推廣說卦，斷古今之疑，發不盡之意，彌縫《易傳》之闕者也。

『卦圖』，在這裡實指《易》圖。《彖》、《象》、《說卦》，都是《易傳》的篇名。也就是說，《易》圖的作用，就是解釋、推廣和彌補《易傳》的內容。

朱震的論說，也再清楚不過地表明，當他一般地討論《易》圖和《易》相互關係的時候，他清清楚楚地知道，這些圖是為解釋《易傳》的附圖。因此，他把這些圖也都附在他所作的《漢上易傳》之後。只是在談論具體《易圖》時，比如在談論《河圖》、《洛書》時，才說這些圖是出自河、洛云云。

在朱震以前，正統的《周易》傳注，一般說來，都是不附圖的。我們前面列舉南朝梁代許多《易》圖著作，也都是單獨的著作，不附在正式的《周易》傳注前後。這也是前代的傳統。起初，《易經》和《易傳》都是單獨流行的，是兩本書，不是合在一起的一本書。據說在東漢末年，鄭玄才將《彖傳》、《象傳》與《易經》合為一本書，而王弼，更進一步將《彖傳》、《象傳》等拆開，逐條附於卦、爻辭之下，成為現在通行的《周易》定本。

因此，當《易》圖剛剛產生的時候，它也是單行的，不與《周易》經傳相聯。南朝梁代的《易》圖著作是這樣，北宋劉牧開始的《易》圖著作也是這樣。劉牧的《易數鉤隱圖》，就是個單行本，與《周易》經、傳分開。稍後於劉牧，李覯作《刪定易圖論》，也是單行，未和《周易》經傳結合在一起。

朱震的三卷卦圖，又稱《漢上易傳卦圖》，這個名稱本身就表明，朱震，已經把《易》圖附在了《周易》之後，就像當初鄭玄把《彖傳》、《象傳》附在《易經》之後一樣。

假如單是這樣，《易》圖也不會引起人們更大的興趣，因為它不過是《周易》的附錄，是對《易傳》的圖解。既是傳文的圖解，那麼，人們的注意力也就只須在傳文方面就行，不必花許多精力去注意《易》圖，因為那是可有可無的。使人們真正引起對《易》圖高度重視的人物，是朱熹。

由朱熹開端，將黑白點《河圖》、《洛書》、《先天圖》、《後天圖》等，附在他的《周易》傳注之前，並且指出，這《河圖》、《洛書》就是出於河洛、伏羲據以畫卦的《河圖》、《洛書》，說《先天圖》就是伏羲所畫，《後天圖》就是文王所畫。這樣，它們就不是對《易傳》的圖解，而是《易傳》，不僅是《易傳》，而且是《易經》的源頭。並且是神靈所賜、龜龍所獻、聖人所畫，因而就具有最高的神聖性。

朱熹將九幅《易》圖放在《周易》之首，是《易》圖發展史上的里程碑。朱熹的作法，使《易》圖成了《周易》的源頭和基礎，成了《周易》不可分割的組成部分。從此以後的《易》學著作，幾乎是無圖不成書，無書不談圖了。《易》圖遂以非常引人注目的顯赫地位，高踞於《易》學之巔，高踞於《周易》之巔。

在《易》圖非常流行的年代裡，也有人從各種不同的角度發出了一些不太和諧的聲音。其中聲音較為響亮的，是明朝末年的歸有光。他的《震川集》中載有

《易圖論》。《易圖論》一開始就明確指出：

《易》圖非伏羲之書也，乃邵子之學也。

，這裡所說的《易》圖，狹義地說，是指邵雍的《先天圖》；廣義地說，也包括那黑白點《河圖》、《洛書》。在歸有光看來，這些圖，都不產於伏羲時代，而是產於邵雍年代。

既然《易》圖出於邵雍時代，那就是《周易》在前，而《易》圖在後，《易》圖是根據《易傳》而作，《易傳》不是根據《易》圖而作：

雖圖與《傳》無乖刺，然必因傳而為此圖，不當謂《傳》為圖說。

對於《易》圖和《易傳》的關係，最尖銳的對立可說就是這兩句話：一種意見認為，「因《傳》而為此圖」，就是說，根據《易傳》作了這些《易》圖；另一種意見則認為，「《傳》為圖說」，就是說，《易傳》乃是《易》圖的注釋和解說。歸有光，明確地讚同第一種意見，而反對第二種意見。歸有光在《易》圖和《周易》的關係上，還提出了一條非常重要的意見，我們稱之曰「《易》圖無用論」。歸有光《易圖論》說：

聖人之作《易》，凡所謂深微悠忽之理，舉皆推之於庸言、庸行之間，而卦爻之象，吉凶悔吝之辭，不亦深切而著明也哉！

也就是說，世界上那深奧微妙的道理，聖人已經在那些卦爻象中，在那些講吉凶悔吝的卦爻辭中，說得「深切而著明」了。那麼，我們又何必在《周易》的卦象、經、傳之外，尋求什麼道理呢？

歸有光不否認真有《河圖》、《洛書》之類存在，也承認它們是作《易》的根據，《周易》的源頭，然而，正因為它們是根據和源頭，所以才沒有用。歸有光說：

聖人見轉蓬而造車，觀鳥跡而製字。世人求為車之說與夫書之義，則有矣；而必轉蓬鳥跡之求，愚未見其然也。

「見轉蓬而造車」，「觀鳥跡而製字」，都是古代的傳說。依這個傳說，則轉蓬和鳥跡就是車和字的源泉。那麼，人們是如何對待轉蓬和鳥跡呢？歸有光說，有研究造車理論的，有研究字的規則的，卻沒有人再去研究什麼轉蓬和鳥跡的，如果真要這麼作，在歸有光看來，那是無意義的。

歸有光舉這個例子，是為了說明，《易》圖，就是《周易》的「轉蓬」和「鳥跡」。歸有光說：

孔子贊《易》，刪《連山》、《歸藏》而取《周易》，始於乾而終於未濟，則圖書之列粲然者，莫是過矣。

今夫治之所貴者範，而用者不求範，而求器也；耕之所資者耒，而求粟也。有圖書而後有《易》，有《易》無圖書可也。

故《論語》「河不出圖」，與鳳鳥同瑞而已；《顧命》「《河圖》在東序」，與兌弓和矢同寶而已。是故圖書不可以精，精於《易》者，精於圖書者也。

《周禮》說，古代有「三易」：《連山》、《歸藏》與《周易》。依歸有光說，是孔子捨棄了《連山》、《歸藏》，只保留了《周易》。保留了《周易》，也就是保留了《河圖》、《洛書》。《河圖》、《洛書》與《周易》的關係，是模型和鐵器的關係，耒耜和黍米的關係。孔子，就是鑄就《周易》這個器物的冶者，是種成《周易》這個黍米的耕者。我們，則是用器物和吃黍米的人。鑄器物、種黍米，要借助模型和耒耜；作《周易》，要借助《河圖》和《洛書》。我們僅是使用《周易》的人，用不著研究《河圖》和《洛書》，就像我們也不用去借助模型和耒耜一樣。

歸有光的話，事實上也表達了這樣的意思：即使《河圖》、《洛書》果然是《周易》之源，那麼，它們的內容，也早已包括在《周易》之中，那作為某種文化現象之源的東西，其實是內容比較簡單的東西。

清朝初年，歸有光的意見得到了進一步發展。毛奇齡作《河洛原舛編》。其中說道，所謂《河圖》，就是大衍之數，正是人們用大衍之數作成了《河圖》。

胡渭作《易圖明辨》。據《四庫提要》所說，是「陳摶推闡易理，衍為諸圖。其圖本準《易》而生，故以卦爻反覆研求，無不符合。傳者務神其說，遂歸其圖於伏羲，謂《易》反由圖而作」。《四庫全書》的意見，代表了乾嘉學派及其前驅者的基本觀點：《易》圖是「推闡易理」而作，但那些「務神其說」的人，「謂《易》反由圖而作」。因此，在他們的《易》學著作中，一反長期以來《易》學著作無圖不成書，無書不談圖的情況，不附《易》圖，也不談論《易》圖，對《易》圖表示了極度的反感和輕蔑。

《四庫提要・易圖明辨》還舉例說：

> 夫測中星而造儀器，以驗中星無不合，然不可謂中星生於儀器也；候交食而作算經，以驗交食無不合，然不可謂交食生於算經也。

可惜，至今為止，仍有不少人認為，《易》來自圖，也就是說，中星生於儀器，交食生於算經！

清初的學者認為，那推闡《易》理而作《易》圖的人，就是陳摶。而陳摶是道士。所以那些《易》圖，是來自道教，是異端。

陳摶的問題，本人在《易圖源流考》中有專門的討論。這裡，我們再著重指出乾嘉學者們這句無心說出、實際表明他們心底見解的話，那就是：《易》圖是推闡《易》理而作。無論是誰作，是陳摶也好，是別人也好，要害都是從推闡《易》理而來。

《易》圖是推闡《易》理而作，這也是我們的結論。

易圖的種類

據清初有人估計，當時的《易》圖數量，約有數千種，不過真正有影響的《易》圖，卻只有三類：《河圖》、《洛書》類；《先天圖》類；《太極圖》類。此外還有卦變圖，可單列一類。

卦變圖是卦與卦關係的圖解。因此，必先有卦，才有卦變圖，它們明顯是《周易》的附屬，所以影響不大。

《河圖》、《洛書》類，影響最大，作圖者宣稱該圖是龍馬、靈龜從黃河、洛河裡負載而出，是畫卦的根據，實則是對《易傳》「天地之數」和「大衍之數」的圖解。

《先天圖》，創作者說是伏羲所畫，實則是邵雍所作，該圖是對卦序的新見解。該圖用的是卦象，表現的是陰陽消長思想。

《太極圖》又分兩類：《周氏太極圖》系統，表現的是宇宙演化論。作圖者認為，該圖是對《周易》基本精神的理解；《陰陽魚太極圖》類，表現的是太極含陰陽、陰陽含八卦的思想。作圖者起初說它就是《河圖》，但因為已有黑白點《河圖》在前，所以得不到承認，後來逐漸被稱為太極圖。

我們下面將分門別類，介紹這些《易》圖和《周易》的關係。

第二章 《周易》與卦變圖

《周易》用二短横作為一個符號（爻），再用一長横作為一個符號，先三個一組組成八個符號（八卦），又六個一組組成六十四個符號（六十四卦），以占卜吉凶，以象徵天地之道，其中凝聚著我國古代思想家中許多優秀的頭腦所產生的智慧。不僅它整齊、優美的形式令人讚嘆，那其中蘊含的智慧更加令人欽佩。於是，研究卦象及其相互關係，引起了許多《易》學家的興趣。卦變圖，就是表示卦象相互關係的圖。

《周易》的卦序

《周易》的六十四卦，大約在西周初年已經形成，如何排列這些卦序是當時主持占筮的官員要解決的重大問題。

據一九七三年十二月在長沙馬王堆出土的漢墓帛書，其卦序為：乾、否、遁、履、訟、同人、無亡……。這些卦的特點是，上卦均是八卦中的乾；第九卦至第十六卦，其上卦均是艮；十七到二十四，上卦均是坎，等等。學術界的意見，一般認為這僅是為了占筮時檢索的方便。

《周易》本是占卜書，為便於檢索，只能依卦的外形，按某種順序排列。自然，按卦的外形排列，不一定僅有漢墓帛書一種方式，只是目前還沒有發現罷了。現在通行本《周易》，卦象的排列順序是：乾、坤、屯、蒙、需、訟、師、比……等等。從外形看，這樣的排列並不整齊。但是，它體現了一種思想。據《序卦傳》說：

有天地，然後萬物生焉……

乾坤分別象徵天地，所以排在最前頭。

盈天地之間者，唯萬物。

而《周易》的卦象，就是萬物的象徵。卦象的次序，也是一種象徵，它象徵著某個物從始到終的歷程。萬物之始，叫作屯，所以屯卦接著乾坤二卦：

故受之以屯。屯者，盈也。屯者，物之始生也。

屯下來是蒙：

物生必蒙，故受之以蒙。蒙者，蒙也，物之稚也。

蒙下來是需、訟、師、比等等：

物稚不可不養成也，故受之以需。需者，飲食之道也。飲食必有訟，故受之以訟。訟必有眾起，故受之以師。師者，眾也。眾必有所比，故受之以比。比者，比也。

其他那些卦象，都是物在生命途程中必定或可能經歷的事件的象徵。有順利，有坎坷，有歡樂，有憂愁，離合悲歡，成功挫折，都應有盡有。最後，是既濟、未濟：

有過物者必濟，故受之以既濟。物不可窮也，故受之以未濟。終焉。

未濟，象徵物不可窮。因此，這六十四卦終了，既是物生命途程的終結，又是下一生命途程的開始。

《周易》這兩種卦序安排如果把卦象按方陣或圓陣排列起來，就是卦序圖。但《周易》的兩種本子，都沒有這麼作。

卦與卦之間，是不是就是這樣的關係？雖然這樣的安排被稱為經，但後世的《易》學家們卻並不以此為滿足。他們認為，卦與卦之間，還存在著未被揭示出來的關係。經過他們的努力，又發現了許多新的關係，其中大多都作成了圖。我們這裡，選幾種較有影響的，略作介紹。

京房「八宮卦」

依《說卦傳》，乾坤二卦為父母卦，因而是產生其他卦象的卦。其他卦象，則是乾、坤的子女：

乾，天也，故稱乎父；坤，地也，故稱乎母。

震一索而得男，故謂之長男；巽一索而得女，故謂之長女。

坎再索而得男，故謂之中男；離再索而得女，故謂之中女。

艮三索而得男，故謂之少男；兌三索而得女，故謂之少女。

畫卦的次序，是由下而至上。這一索、二索、三索，也是指卦的爻象從下而上發生的變化。依變化的先後，分別居長或居少。坤卦為☷，下爻變為陽，象徵著坤從乾那裡索取了一陽，為震☳；坤第二次從乾那裡索取一陽，中爻變為陽，成坎☵；第三次索一陽，成艮☶。這三卦依次成長為長男、中男和少男。同樣，乾從坤那裡逐次索取一陰，則依次成巽、離、兌三卦，為長女、中女和少女。

京房依此為基礎，並推廣到六畫卦，依次為：䷀、䷲、䷜、䷳、䷁、䷸、䷝、䷹。其卦名即乾、震、坎、艮；坤、巽、離、兌。京房稱此八卦為八純卦或八宮卦。

京房認為，這八個宮卦，每卦又可變出七個卦象。其變化規則是：①）上爻不變；②）從初爻開始，依次使一個、二個、三個、四個、五個爻象變化，可出五卦。如乾，則依次變為：姤䷫、遁䷠、否䷋、觀䷓、剝䷖。這五卦，又分別稱為一世、二世、三世、四世、五世卦；③）五世卦的第四爻，恢復基本宮卦爻象，成第六卦「游魂卦」。如乾宮的剝卦，第四爻由陰復為陽，成晉䷢；④）游魂卦下卦（內卦）恢復本宮卦象，成第七卦「歸魂卦」：大有䷍。這樣一個宮卦生成七卦，加宮卦自身，成八卦。八個宮卦均照此辦理，則成8×8＝64卦。

如使八宮卦成一行，每卦後依次排列本宮所生的七個卦象，就成八宮卦圖（圖2）。這八宮卦圖，表明了六十四卦卦象之間的一種關係：從乾坤開始，生六卦，共成八卦。八卦再各生七卦，共為六十四卦。

依京房的意思，八宮卦生卦過程，反映了陰陽二氣的運動狀況。但從卦象上

八宮	乾宮	震宮	坎宮	艮宮	坤宮	巽宮	離宮	兌宮
八純卦	䷀ 乾	䷲ 震	䷜ 坎	䷳ 艮	䷁ 坤	䷸ 巽	䷝ 離	䷹ 兌
一世	䷫ 姤	䷏ 豫	䷻ 節	䷕ 賁	䷗ 復	䷈ 小畜	䷷ 旅	䷮ 困
二世	䷠ 遁	䷧ 解	䷂ 屯	䷙ 大畜	䷒ 臨	䷤ 家人	䷱ 鼎	䷬ 萃
三世	䷋ 否	䷟ 恆	䷾ 既濟	䷨ 損	䷊ 泰	䷩ 益	䷿ 未濟	䷞ 咸
四世	䷓ 觀	䷭ 升	䷰ 革	䷥ 睽	䷡ 大壯	䷘ 無妄	䷃ 蒙	䷦ 蹇
五世	䷖ 剝	䷯ 井	䷶ 豐	䷉ 履	䷪ 夬	䷔ 噬嗑	䷺ 渙	䷎ 謙
游魂	䷢ 晉	䷛ 大過	䷣ 明夷	䷼ 中孚	䷄ 需	䷚ 頤	䷅ 訟	䷽ 小過
歸魂	䷍ 大有	䷐ 隨	䷆ 師	䷴ 漸	䷇ 比	䷑ 蠱	䷌ 同人	䷵ 歸妹

圖 2　京房八宮卦變圖

來說，則揭示了卦象之間的一種外形上的關聯。生卦的過程，也是一種變卦的過程。因此，八宮卦圖也是一種變卦圖。這個變卦圖的基礎，是乾坤為父母，降生六子。所以，它是《說卦傳》的推廣和圖解。

虞翻卦變圖

虞翻卦變圖，是對《繫辭傳》中八卦逐次生成說的一種解釋。《繫辭傳》說：「易有太極，是生兩儀。」虞翻解釋說：「太極，太一也。分為天地，故生兩儀也。」太極就是太一，兩儀就是天地，表現於卦象，就是乾坤。《繫辭傳》接著說：「兩儀生四象，四象生八卦。」虞翻解釋說：「四象，四時也；兩儀，謂乾坤也。乾二五之坤，成坎離震兌。震春、兌秋、坎冬、離夏，放兩儀生四象。」也就是說，四象就是四時。表現於卦象，就是坎離震兌。

太極無形象，不能畫。生成的兩儀有形象，即乾、坤二卦。兩儀乾坤之中，乾二五爻之坤，成坎卦☵。所謂「二五爻之坤」，就是乾卦二爻五爻進入坤卦，代替坤卦的二爻五爻，成為坎卦。坎卦二三四爻，為震卦☳。據一些研究者認為，虞翻尚未講出的一句話是，坤二五之乾，成離卦䷝。離卦的三四五爻為兌卦䷹。於是，坎、離、震、兌四卦都有了，它們象徵著春夏秋冬四季。然而，六畫坎卦，其三四五爻為艮䷳；六畫離卦，其二三四爻為巽䷸。這樣，乾坤二五爻互換，就生成了八卦。虞翻認為，《周易》說的八卦，就是這樣來的。這是虞翻對《繫辭傳》太極、兩儀、四象、八卦生成過程的解釋。

以乾坤為父母卦，還可依次生出其他六十二卦。虞翻認為，乾坤二卦初爻變化，可成復、姤二卦。這復、姤二卦的初爻，依次向上變化，又可各自變出五卦：

		規　則
䷗復	䷫姤	
䷆師	䷌同人	初之二
䷎謙	䷉履	初之三
䷏豫	䷈小畜	初之四
䷇比	䷍大有	初之五
䷖剝	䷪夬	初之上

使乾坤初二兩爻都發生變化，可生成臨、遁兩卦。臨、遁兩卦的初二爻都依

次向上變化（初不再之二），可依次各生出八卦：

䷒臨	䷠遁	規　則
䷭升	䷘無妄	初之三
䷧解	䷤家人	初之四
䷜坎	䷝離	初之五
䷃蒙	䷰革	初之上
䷣明夷	䷅訟	二至三
䷲震	䷸巽	二至四
䷂屯	䷱鼎	二至五
䷚頤	䷛大過	二至上

使乾坤初二三爻都發生變化，可生成泰、否二卦，泰、否二卦初二三爻皆依次向上變化（初不再之二三，二不再之三），可各生出九卦：

䷊泰	䷋否	規　則
䷟恆	䷩益	初之四
䷯井	䷔噬嗑	初之五

蠱	隨	初之上
豐	渙	二之四
既濟	未濟	二之五
賁	困	二之上
歸妹	漸	三之四
節	旅	三之五
損	咸	三之上

如果使乾、坤二卦初二三四爻都變，則成大壯、觀二卦。這四個變爻也依次由下而上變化，每卦又可生出八卦：

大壯	觀	規　則
大過（重）	頤（重）	初之五
鼎（重）	屯（重）	初之上
革（重）	蒙（重）	二之五
離（重）	坎（重）	二之上
兌	艮	三之五

睽　蹇　三之上

需　晉　四之五

大畜　萃　四之上

例外的只有兩卦，那就是中孚、小過。除去重複，加上乾坤兩卦，就是六十四卦。

虞翻卦變圖的基本意思，就是要揭示，太極如何生了兩儀、四象、八卦；乾坤兩卦又如何作為父母卦生了其他六十二卦。這些思想，都是《易傳》中的思想。虞翻卦變圖，就是對《易傳》中這些思想的說明和圖解。

虞翻以後，孔穎達作《周易正義》，有「非覆即變」說，將和來知德的錯綜說一起介紹。下面，我們先來介紹李之才的卦變圖。

李之才卦變圖

李之才卦變圖有兩種，一種是《變卦反對圖》，一種是《六十四卦相生圖》。現在先來介紹李之才《變卦反對圖》。

李之才《變卦反對圖》認為，乾坤二卦，為易之門、萬物之祖，所以首列乾坤二卦。據朱震《漢上易傳卦圖》所錄，乾卦圖旁注有：「萬物資始」，「乾道變化」；坤卦圖旁注有「萬物資生」，「坤厚載物」。

其乾卦圖注文還有：「天行健，乾，元亨利貞。」「稱乎父，用九天德，不可為首。」坤卦經注文還有：「地勢坤，坤，元亨利牝馬之貞」，「稱乎母，用六利永貞。」這些話，或是《周易》經、傳的原話，或是對《周易》蘊含的思想的理解。

也就是說，從一開始，李之才就把他的《變卦反對圖》奠定在《周易》思想的基礎上。乾坤二卦之後，是乾坤三索、相交，變出大過、中孚、離；頤、小過、坎六卦。

䷛大過，　䷼中孚，　䷝離；

䷚頤，　䷽小過，　䷜坎。

從這六卦看出，李之才對乾、坤三索的理解與前人是不一樣的。依李之才的理解，乾坤三索的意思是，各自先向對方索取初、上爻，再索取三四爻，再索取二五爻，成就六卦。

然後，乾卦下生一陰，變成三對反對卦：

䷫姤　與　䷪夬

䷌同人　與　䷍大有

䷉履　與　䷈小畜

同樣，坤下生一陰，也變出三對反對卦：

䷗復　與　䷖剝

䷆師　與　䷇比

䷎謙　與　䷏豫

所謂反對卦，就是兩個互相顛倒的卦。把一個卦顛倒回來，使其初爻成為上爻，二爻成五爻等等，成為另一個卦象。這樣，當乾卦、坤卦下生一陰或一陽，並依次上升至二、三爻後，再顛倒回來，就又是三卦。這和京房、虞翻的先使初爻變，然後依次上升，其性質是一樣的。反對三卦，也可由變爻依次上升至四、五、六爻，效果是一樣的。乾卦下生二陰，變為遁卦，由遁卦變化，成六對十二個反對卦：

䷠遁　與　䷡大壯

䷅訟　與　䷄需
䷘無妄　與　䷙大畜
䷥睽　與　䷤家人
䷹兌　與　䷸巽
䷰革　與　䷱鼎

用同樣的方式，從坤變出臨，然後由臨卦產生出六對十二個反對卦。胡渭《易圖明辨》評論李之才反對卦說：

> 六十四卦，兩兩相比，無不反對。其陰陽相背者八卦，雖無變體，亦反對也。反對，實文王演卦之一義，《彖傳》本此以釋經。剛柔之往來，上下一覽而得，不可謂孔子之說非文王之說也。

這就是說，李之才的變卦反對圖，其理論基礎，在於《周易》自身。但是，胡渭認為李之才沒有完全忠實於《周易》，因而顯得雜亂無章：

李氏反對圖，首列乾坤二卦，為《易》之門，則諸卦宜皆出於乾坤，而乃乾坤下生之卦，一陰生自姤，一陽生自復，二陰生自遯，二陽生之臨，三陰生於否，三陽生自泰，何其紛糾之甚也？

依《周易》，所有的卦都應是從乾坤二卦下生，但李之才卻說，一陰的卦都從姤卦產生，一陽的卦都從復卦產生：二陰的卦都來自遁卦，二陽的卦都來自臨卦等等。在胡渭看來，這是多生枝節，不符合《周易》的精神。而且，變卦的規則也有些紊亂：

然姤，復以一爻升降，其蹤跡猶可尋求。遁、臨、否、泰，則兩三爻遞為升降，而否、泰、二濟未免重出，益雜亂而無間矣（《易圖明辨》卷九）。

我們上面所引的遁卦變六對卦圖，其規則確是不如虞翻變卦之規則整齊。從圖上可以看出，先是二爻升三，再是初爻升二；然後這長升上二位之初爻又升

五、升上，最後是升上三位的二爻又降到二，其規則確是紊亂。臨卦的變化，與此相同。等到否、泰二卦，其規則就更亂了。

我們也就不再展示這樣的圖了。有興趣的讀者，可參看朱震《漢上易傳卦圖》、胡渭《易圖明辨》及本院院長朱伯崑先生主編的《易學基礎教程》。

李之才在《變卦反對圖》以外，還有一個《六十四卦相生圖》。其圖首列姤、復二卦。姤、復之前，有文字說明道：「乾坤者，諸卦之祖。」這仍是以乾、坤為生卦之源。「乾一交而為姤，坤一交而為復」，相當於《說卦傳》中的乾一索，坤一索。其思想基礎，仍在《周易》本身。

姤卦有一陰而五陽，復卦一陽而五陰。李之才認為，凡一陰五陽的卦，都從姤卦而來；一陽五陰的卦，都從復卦而來。方法是：乾坤一交之初爻依次上升。

䷫ 姤	䷗ 復	規則
䷌ 同人	䷆ 師	初之二
䷉ 履	䷎ 謙	初之三
䷈ 小畜	䷏ 豫	初之四
䷍ 大有	䷇ 比	初之五

䷪夬　䷖剝　初之上

這個變卦圖，和虞翻變卦圖的一部分完全相同。

「乾再交而為遁，坤再交而為臨」。相當於乾、坤再索。李之才認為，遁、臨二卦就是由此而來。

䷠遁　䷒臨

由遁、臨，再生出其他四陽二陰卦或四陰二陽卦。也就是說，四陽二陰卦，都來自遁卦；四陰二陽卦，都來自臨卦。作成圖，則是：

䷠遁	䷒臨	規則
䷅訟	䷣明夷	二之三
䷸巽	䷲震	二之四
䷱鼎	䷂屯	二之五
䷛大過	䷚頤	二之上
䷘無妄	䷭升	一之三
䷤家人	䷧解	一之四
䷝離	䷜坎	一之五

䷰革	䷃蒙	一之上
䷼中孚	䷽小過	初二之三四
䷙大畜	䷬萃	初二之四五
䷡大壯	䷓觀	初二之五上
䷥睽	䷦蹇	？
䷄需	䷢晉	？
䷹兌	䷳艮	？

我們看到，上圖的相生過程，先是一爻上變，後是二爻一起上變，再後的規則，就難說了。

李之才繼續說：「乾三交而為否，坤三交而為泰。」

䷋否　䷊泰

並認為三陰三陽卦，都來自泰；三陽三陰卦，都來自否。如圖：

䷋否	䷊泰	規則
䷴漸	䷵歸妹	三之四
䷷旅	䷻節	三之五

䷞咸	䷨損	三之上
䷺渙	䷶豐	二之四
䷿未濟	䷾既濟	二之五
䷮困	䷕賁	二之上
䷩益	䷟恆	一之四
䷔噬	䷯井	一之五
䷐隨	䷑蠱	一之上

於是完成了六十四卦的生成圖式。

胡渭《易圖明辨》卷九評論李之才《六十四卦》相生圖說：

李挺之立卦變，莫善於反對，莫不善於相生。反對者，經之所有；相生者，經之所無也。《六十四卦相生圖》，蓋以乾、坤三索之義，而推之於六畫，以為卦變……

夫姤，復以一爻主變，猶有定法，若遁、臨、否、泰，則兩爻俱動，或獨升，或同升，主變者非一，紛然而無統紀矣。

其實，無論是反對、相生，都是根據《周易》而來，不過又有所發揮罷了。每人都認為自己的發揮符合經義，其實未必然。

依漢儒所說，六十四卦，不過是八經卦兩兩相重合罷了。重的結果，只能是六十四個，這不過是一個簡單的數學問題。然而有人似乎不相信六十四卦的生成如此簡單，以為這生成過程一定有大奧秘、大學問。於是從《易傳》中找到了乾父坤母以及三索之類的話，以為六十四卦果然如此形成，並企圖再現這個過程。其結果，則往往是捉襟見肘，顧此失彼。李之才的《變卦反對圖》和《六十四卦相生圖》，可見作這種努力的人窘相之一斑。

胡渭繼續批評說：

> 且六子純卦，亦不過因而重之。今乃謂震坎艮生於臨，巽離兌生於遁，有是理乎？

是的，震坎等卦，是乾坤六子，實則也不過是重卦的結果。現在卻說他們生自遁或臨，這不是太無理了嗎？

胡渭的批評，不單適用於李之才。所有那些企圖從重卦以外另尋出路的，都有類似的缺陷。然而，人們往往只見前人缺陷，看不見自己的缺陷。李之才以後，研究變卦的事，仍然有人在作。

朱熹、俞琰卦變圖

朱熹《周易本義》卷首，附有一幅變圖，其說明道：

> 《彖傳》或以卦變為說，今作此圖以明之，蓋《易》中之一義，非畫卦作《易》之本指也。

也就是說，朱熹認為，他的卦變圖是根據《彖傳》而作。《朱熹卦變圖》認為：「凡一陰一陽之卦各六，皆從復姤而來」：

䷪夬　䷖剝

䷍大有　䷇比

䷈ 小畜 ䷏ 豫
䷉ 履 ䷎ 謙
䷌ 同人 ䷆ 師
䷫ 姤 ䷗ 復

「凡二陰二陽之卦各十有五，皆自臨遁而來」：

䷓ 觀 ䷢ 晉 ䷳ 艮 ䷃ 蒙 ䷚ 頤
䷬ 萃 ䷦ 蹇 ䷜ 坎 ䷂ 屯
䷽ 小過 ䷧ 解 ䷲ 震
䷭ 升 ䷣ 明夷
䷒ 臨

䷡ 大壯 ䷄ 需 ䷹ 兌 ䷰ 革 ䷛ 大過
䷙ 大畜 ䷥ 睽 ䷝ 離 ䷱ 鼎
䷼ 中孚 ䷤ 家人 ䷸ 巽
䷘ 無妄 ䷅ 訟
䷠ 遁

接下來，是「凡四陰四陽之卦各十有五，皆自大壯、觀而來」；「凡五陰五陽之卦各六，皆自夬、剝而來」。為節省篇幅，我們就不再一一展示他們的圖形了。從已展示的圖形看，《朱熹卦變圖》與李之才的卦變有許多相似之處，其規則紊亂，卦象重複的事也更多。胡渭《易圖明辨》評論說：

《朱子卦變圖》，一陰一陽與五陰五陽相重出，二陰二陽與四陰四陽相重出，泰與否相重出。除乾坤之外，其為卦百二十有四，蓋不勝其煩矣。

依《朱熹卦變圖》，要變出一二四卦，乾坤兩卦除外，正好是實際卦數的二倍。這樣，每卦就都有兩個來源，甚至在此為母卦，到另一處就成為子卦。人們到底該如何認識卦的來源呢？胡渭繼續說：

朱子雖為此圖，亦自知其決不可用。所釋十九卦《彖辭》，盡捨主變之卦，以兩爻相比者互換為變……

從胡渭的評論看來，研究卦變，與釋經有關，甚至可以說，主要是為了釋經。知道了每一卦來自何處，就可知該卦的經、傳文字為何如此而不如彼？為何吉凶？為何悔吝？研究卦變者，企圖通過卦變體系，把《周易》的經、傳文字內容，也組成一個相互關聯的體系。

這種情況表明，在研究卦變者的心目當中，《易》的卦象及文字，是聖人按一定的思想體系創作出來的。他們，就要力求解開這些未見於經傳，而在文字背後的思維邏輯。然而，各種卦變圖都不免捉襟見肘，顧此失彼，其根本原因在於，《周易》自身，並不存在一個他們想像中的思維邏輯和思想模式。

宋元之際，俞琰《易外別傳》載有《先天六十四卦直圖》，其圖形如圖3。俞琰這張圖，自己不認為是卦變圖。而說是闡釋邵雍先天學的圖。胡渭《易圖明辨》評論說，這圖既不是六十四卦次序，又不是六十四卦方位，正可作為卦變圖看待。

據胡渭評論，這張圖，上乾下坤，坎離居中。從坤中一陽生，升到五陽，又成六陽的純乾卦；乾中一陰生，降到五陰，又成為六陰的純坤卦。這一升一降，

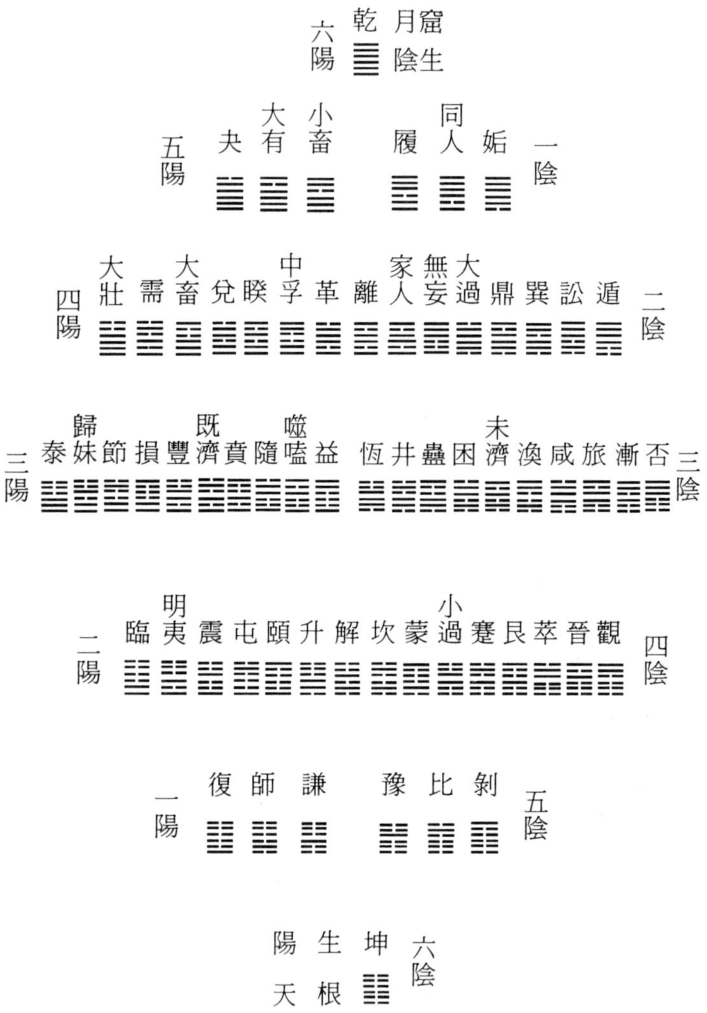

圖3 俞琰先天六十四卦直圖

上下往來，諸卦都生於乾坤，沒有復、姤小父母之說。而且四陰二陽、四陽二陰並列，也沒有重複出現的卦，比起李之才和朱熹的圖，要高明多了。

胡渭的評論，確有道理。在古代卦變圖中，俞琰的卦變圖可說是作得最好的一張。不過，若深入研究圖中那升降變化的規則，就未必統一而整齊了。像這一類卦變圖，大約也只能到這個水平為止了。

從重卦說到錯綜圖

重卦說，是六十四卦成因的一種最古老，大約也最合實際的說法。將八個三畫卦，兩個一組，組成六畫卦，則每一三畫卦都有八次組卦的機會，其中七次是與其他卦相重，一次是自身相重。這樣，八個三畫卦共可組成8×8＝64個六畫卦。這件事，簡單而明瞭。

但是，到孔穎達作《周易正義》，他從卦象的兩兩相重之中看到，重卦的原則是：「非覆即變」：

> 今驗六十四卦，二二相耦，非覆即變。覆者，表裡視之，遂成兩卦，屯、需、訟、師、比之類是也；變者，反覆唯成一卦，則變以對之，乾、坤、坎、離、大過、頤、中孚、小過之類是也。

也就是說，覆，指的是若把一卦顛倒過來，就成另外一卦。《周易》中的卦象，多是這個形式。以數字統計，則有五十六個。變，指的是該卦無論怎樣顛來倒去，總還是這一卦。這樣的卦，共有八個。

到明代來知德作《周易集注》，遂從六十四卦的組成又看出了一條規則，叫做「非錯即綜」說。也就是說，六十四卦的組成以及它們之間的相互關係，不是「錯」，就是「綜」。同樣，他也用圖來表示自己的發現（圖4）。

從圖上可以看出，所謂「錯」卦，共有三十二對，六十四卦。每對錯卦，其卦爻都是完全相反的。如乾與坤、坎與離等等。來知德認為，這是聖人的組卦原則，是他的一個偉大發現。這不能說不是來氏的發現，不過認真想一想，這樣的發現似乎也沒有多大意義。兩個不同的符號，六個一組，組成六十四個符號，其結果必然是，每組符號（每卦）必定有和它完全相反的符號組存在。如果沒有，

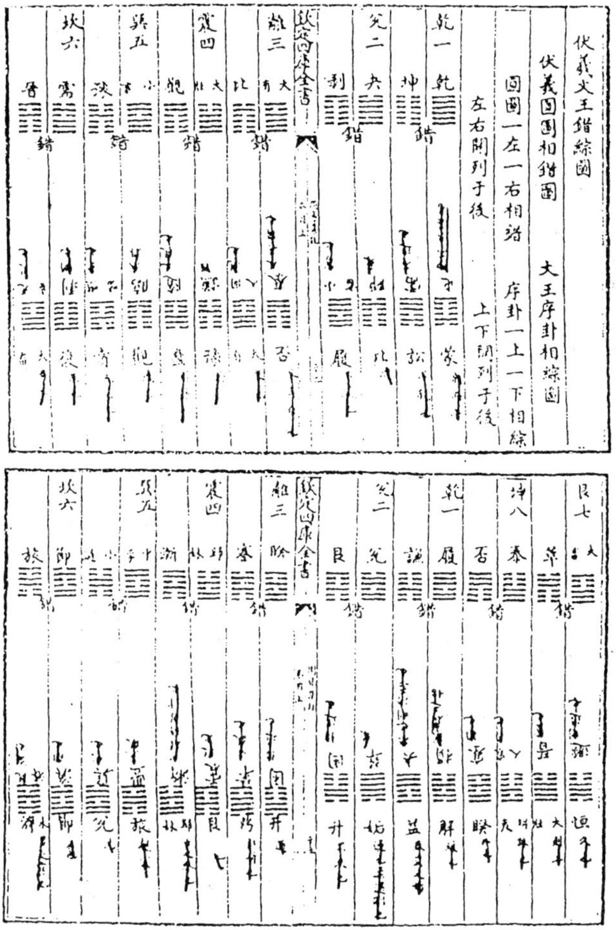

圖 4 (1)　來知德的錯綜圖

那就是少組一組，應該補上。這樣的情況，在三畫一組的八卦中就已看出來了。

乾和坤、坎和離、震和巽、艮和兌，就都是這樣的情形。擴大到六畫卦，不過使這種情況成數倍地擴大罷了。這是重卦

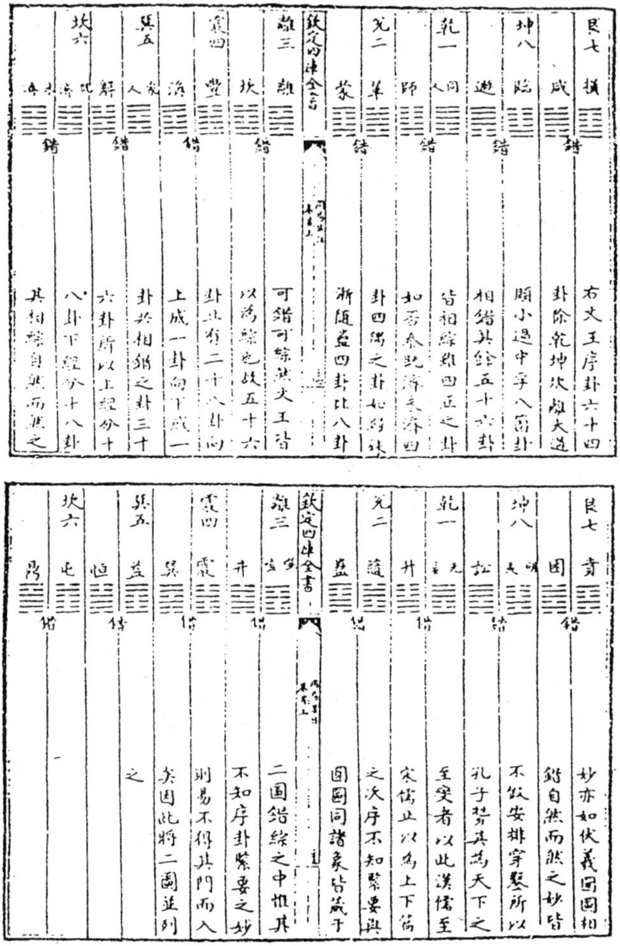

圖 4 (2)　來知德的錯綜圖

的自然結果，卻不是聖人組卦的良苦用心。也就是說，這是重卦者兩兩一組相重，重到不能再重，於是得出六十四卦。這六十四卦兩兩之間，就存在著卦畫完全相反的情形，並非就是重卦者按兩兩相反

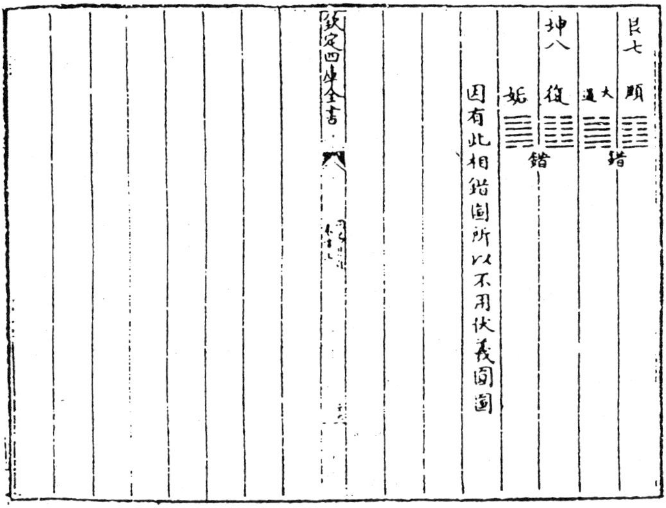

圖 4 (3) 來知德的錯綜圖

的原則來作卦的。

至於「綜」卦，實是孔穎達所說的「覆」卦。這樣的卦，共有五十六個，二十八對。也是李之才所說的反對卦。來知德不過是換了一種說法而已。

我們相信，像六十四卦這樣整齊的符號系統，如果認真研究，一定還能發現更多的相互關係，只是不可認為；這些關係就是作卦者本人所知道的關係，更不可以認為作卦者就是據這些原則來作卦的。那些研究卦變的古代學者，最重要的失誤，就是把他們發現的關係認作當初就明瞭的關係。

《錯綜圖》之外，來知德還有《八卦變六十四卦圖》（圖5）。

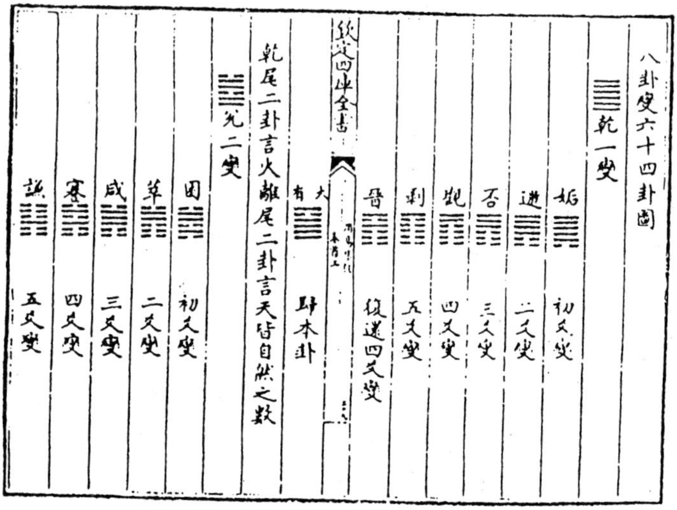

圖 5　來知德八卦變六十四卦圖

當然，這不是個全圖。該圖講的，是如何從八卦中生出六十四卦。其初至五爻變，相當於京房八宮卦的一至五世，「復還四爻變」及「歸本卦」，即京房的游魂、歸魂。沒有什麼新意，所以我們也只公佈表的一部分以示意而已。

到來知德，可說古代關於卦變的研究大體告一段落。上面的介紹可說是中國古代研究卦變的主要成就。這些成果的共同特點是：都認為自己是在解《易》，是根據《周易》而來，也都加進了自己對卦象關係的新理解。為解《易》而作，是各種卦變圖與《易》的基本關係。

第三章 《周易》與河圖洛書

一般的印象，說《河圖》，如同說八卦一樣，就是說《周易》。它是《周易》的一部分，是《周易》的基礎和出發點。現在提出《周易》與《河圖》，似乎是個怪問題，就像提出中國和北京一樣，並且還要專闢一章來講它，難道其中還有許多話要說嗎？

是的，《周易》與《河圖》，本來不是一回事，把它們放在一起，是後人的事情。所以有許多話要說。我們先從古文獻的記載開始。

古文獻中的河圖

記載《河圖》最古的文獻，是《尚書・顧命篇》中的「……《河圖》在東序」。從古至今，凡是討論《河圖》的文字，幾乎都要引用它。這是《河圖》存在的證據。朱熹不能否認《河圖》的存在，其重要原因之一，就是因為《尚書》及其他儒經上有這樣的記載。所謂其他儒經，就是《論語》中有孔子對於「河不出圖，鳳鳥不至」的慨嘆，《易傳》中有「河出圖，洛出書」的文字。在朱熹看來，這些都是不可否認的。

這些記載究竟是怎麼回事呢？《尚書・顧命篇》的原文是：

越玉五重：陳寶、赤刀、大訓、弘璧、琬、琰，在西序；大王、夷玉、天球、河圖，在東序。

說的是周成王死，康王即位，在即位大典上，陳列著上述器物。河圖，是所陳物品之一。那麼，河圖是什麼呢？

從漢代以來的學者，有不少人認為，這裡的河圖，和琬、琰、弘璧等等一樣，是一種玉，或者說，是一種帶花紋的玉。這種帶花紋的玉出自黃河，所以叫河圖。

這是一種太似是而非的解釋，圖和紋，是兩個概念。即是果然以成文之玉為圖，其文也必定有命名為圖之理由，而不單是常見的文理、花紋、文采而已。

但漢代學者孔安國說，河圖是八卦。其根據何在？也不得而知。

然而無論如何，最早記載河圖的著作，不是《周易》，而是《尚書》。而且《尚書》中所說的河圖，似乎只是王家所藏的秘寶、重器，與《周易》沒有什麼關係。

據後來《墨子》的記載，這河圖僅是周家王室的東西。

墨子非攻，於是有人反對墨子說：當年禹征有苗，湯伐桀，武王伐紂，那又是為什麼呢？墨子解釋說，這三位聖王的行為，是誅，而不是攻。他們誅的對象，都是胡作非為、傷害百姓的傢伙。於是天讓他們去執行誅伐的使命。當他們起兵的時候，都有天命之事出現。比如大禹征有苗，曾經見到一個人面鳥身的神人，武王伐紂時，有「赤鳥銜圭，降周之岐社，曰：『天命周文王伐殷有國。』泰顛來賓，河出綠圖，地出乘黃」云云（見：《墨子・非攻下》）。

伐殷後三年，武王就去世了。周公攝政，不過數年，即歸政成王，成王在位，以四十年計，則康王即位時，距武王伐紂也不過五十年。即位大典上所陳之琬、琰，就是圓頂或闕頂的圭。那麼，它們是不是那赤鳥所銜的圭呢？至於河圖，則很可能是墨子所說黃河裡所出的綠圖。

據孫詒讓《墨子閑詁》，「綠」即「籙」。而「籙」，乃是古代一種文書，表示接受天命的一種文書。那麼，「河出綠圖」，當是從黃河裡出來的，記載上帝命令的一種文書。這樣的文書，是周家接受天命的文件，當然十分重要。所以在傳位的大典上，要加以陳列。

而且據墨子所說，這樣的「綠圖」似乎僅是周天子才有的東西，大禹、商湯，都沒有這樣的文書。

《尚書》以後，自然是《論語》中的記載，孔子慨嘆「河不出圖，鳳鳥不至」(《論語・子罕》)。依孔子的慨嘆，則孔子當時也應該有河圖出現才對，至少說，有河圖出現的可能。但河圖並沒有出現，所以孔子哀嘆「吾已矣夫」！孔子盼河圖作什麼呢？假如河圖就是八卦，或者是畫八卦的根據，那麼，八卦已經畫成，六十四卦業已產生，卦爻辭已經齊備，孔子還盼它作什麼呢？

依情理而言，孔子心中的河圖，決不是八卦或畫八卦的根據。與《周易》，也沒有什麼關係。如果和鳳鳥聯繫起來考察，那麼，鳳鳥則應是銜圭集於周社的赤鳥一類；而河圖，就是墨子所說的綠圖。孔子盼望，天再降生聖人，並有鳳鳥、綠圖，使聖人能平治天下，挽救這禮崩樂壞的局面，只有這樣解釋，才較為合理。

《論語》之後，《易傳》以外，記載河圖之事的儒經，還有《禮記・禮運》篇。其中說道，聖王治理天下，沒有昆蟲水旱之災，人民沒有饑寒凍餓之苦。這時候：

> 故天不愛其道，地不愛其寶，人不愛其情。故天降膏露，地出醴泉，山出器車，河出馬圖。

依《禮記》所說，河圖的出現，是在聖人使天下大治之時。與河圖同時出現的，還有膏露、醴泉、器車之類。膏露可食，醴泉可飲，器車可用，「馬圖」作什麼呢？

這裡說的「河出馬圖」，無論是什麼東西，無論它的用處是什麼，都與《周易》沒有關係。上帝不會不斷地出些可畫八卦的東西，因為這件事早就完成了。

最早使河圖與《周易》相關的事件，就是《繫辭傳》上講了「河出圖」，這一段全文如下：

> 是故易有太極，是生兩儀，兩儀生四象，四象生八卦，八卦定吉凶，吉凶生大業。
>
> 是故法象莫大乎天地，變通莫大乎四時，懸象著明莫大乎日月，崇高莫大乎富貴。備物致用，立成器，以為天下利，莫大乎聖人。探賾索隱，鉤深致遠，以定天下之吉凶……莫大乎蓍龜。

這一段，在太極→兩儀→四象→八卦之後，講了這麼幾件事情：

(1)法象——天地
　懸象著明——日月
(2)變通——四時
(3)備物致用——聖人
(4)定吉凶——蓍龜

《繫辭傳》接著說：

是故天生神物，聖人則之；天地變化，聖人效之；天垂象，見吉凶，聖人象之；河出圖、洛出書，聖人則之。

這裡講了聖人作的幾件事：

(1)則之：則「神物」；則「河圖」、「洛書」。

(2)效之：效「天地變化」。

(3)象之：象「天象」。

前面已經說過，「變通莫大乎四時」。因此，聖人所效的天地變化，就是四時交替。

《繫辭傳》還說：

剛柔相推而生變化。

變化者，進退之象也；剛柔者，晝夜之象也。

變通配四時。
一合一辟謂之變。
剛柔相推，變在其中矣。

由此可知，《易傳》所說的變化，就是剛柔相推，晝夜交替，一合一辟，一進一退。表現於卦象，就是陰陽爻的交替變動。而陰陽爻之變動，則象徵著天地間的變化，是一陰一陽之道的卦象表現。

反過來說，聖人效法這天地間的變化，制訂了《易》的規則。「效」，就是以之為法，俗語說「學樣」。

「象之」，則應是仿天象為卦象：

是故《易》者，象也；象也者，像也（《繫辭傳》）。

所謂「《易》者象也」，應是說，《周易》，就是那些卦象。而卦象，則是模擬別的形象而來。模擬什麼形象呢？應是上段所說的天地（法象）、日月（懸象著明）。也就是說，卦象，主要是聖人模擬天地日月的形象而作。

因此，這裡的說法，和「仰觀俯察」說是一致的。

對我們最重要的，還是要說明「則之」是什麼意思？我們先來研究第一個「則之」。

第一個「則之」的對象是「天生神物」，神物自然指的是蓍龜。聖人如何「則」蓍龜，已是明明白白：把它們拿來，根據它們的用途而用之。比如：用龜灼兆以卜，用蓍揲之以筮。

那麼，「則」《河圖》、《洛書》是什麼意思，也就應該明明白白了。那就是把這些神物拿來，根據它的用途而用之。也就是說，「則」《河圖》、《洛書》並不是「則之」以畫卦。

如果說「則之」是畫卦，那麼，「象之」又是作什麼呢？這就不能不引出歐陽修那樣的問題：既說仰觀俯察，何來《河圖》、《洛書》！說《易傳》作者非一人，其實不過是一種遁詞。作者即非一人，最後的「統稿」、「定稿」者，在別的問題上，容或有所疏忽，使互相矛盾的觀點兩存。然而卦象生成問題是《易》學的基本問題，豈可兩存？

實際上，《繫辭傳》在卦象形成問題上，思想是一貫的。即通篇堅持的是仰觀俯察說，而沒有則《河圖》、《洛書》畫卦說。

漢代以前，《河圖》這件事，當是一個普遍流行的傳說。它是一件神物，一個祥瑞，一個聖帝明王接受天命的象徵，就像赤鳥銜圭、鳳凰來儀一樣。至於它到底是什麼樣子？為什麼叫作圖？當可另加討論，但它不是《周易》的一個部分，也不被認為是畫卦的根據，當是事實。

這是先秦時代《周易》與《河圖》的關係。

漢代的河圖洛書

據司馬遷說，商瞿從孔子學《易》，數傳而到田何。《漢書·儒林傳》說：田何傳於周王孫、丁寬、服生、楊何。丁寬又傳田王孫，田王孫又傳施仇、孟喜、梁丘賀。孟喜之後，又有焦延壽、京房之學。此外，又有費直為代表的《易》學系統。

到了東漢，著名《易》學家又有鄭玄、荀爽、虞翻等人。

但是，在我們關於河圖、洛書的討論中，卻極少援引上述諸人的意見。這一面是由於漢代文獻的喪失，但更重要的，是這些《易》學家的《易》學著作，基本上不講《河圖》、《洛書》，至少不認為《河圖》、《洛書》是畫卦的根據。在他們看來，《河圖》、《洛書》是《易傳》提到的一件神物，但不是《易》本身的組成部分。在這裡，我們較為詳細地援引惠棟的意見。

惠棟，清初著名《易》學家，也是著名的乾嘉學派學者。他的《周易述》，主要是述漢代人的意見。

《易傳》：「是故天生神物，聖人則之。」

惠棟述：「神物，謂蓍龜。蓍龜定天下之吉凶，成天下之娓娓者。聖人則之，知存知亡，而不失其正也。」

《易傳》：「天地變化，聖人效之。」

惠棟述：「春夏為變，秋冬為化。聖人南面而聽天下，順時佈令，是效天地之變化。」

《易傳》：「天垂象，見吉凶，聖人象之。」

惠棟述：「天有八卦之象。乾象盈甲，是吉也；坤象喪乙，是凶也。見乃謂之象。故見吉凶。乾為德，坤為刑。聖人在上，象天制作，故云聖人象之也。」

《易傳》：「河出圖，洛出書，聖人則之。」

惠棟述：「天不愛其道，故河出圖也；地不愛其寶，故洛出書。聖人則之，體信以達順，遂致太平也。」

惠棟所述，最重要的可說有兩點：一是天有八卦之象。那麼，八卦的來源，也就是仰觀俯察而象之的結果了。二是聖人，則《河圖》、《洛書》的意思是：「體信以達順，遂致太平。」這就不是則《河圖》畫卦，而是則《河圖》以治天下。至於《河圖》什麼樣子？惠棟沒有說。

今天的人們，見到的《河圖》，就是那些黑白點。一提起《河圖》，想的也就是那些黑白點。很少還有人知道，漢代也已經有了《河圖》、《洛書》，不過不是黑白點，而是兩本單行的書。這兩本單行的書和讖緯書放在一起，人們往往把它們視作一般的緯書，其實不是，至少名義上不是一般的緯書。

經東漢劉秀刪定的緯書，一共有八十一篇。八十一篇之中，《河圖》、《洛書》類有四十五篇，其他七部儒經共三十六篇。從篇數的多少可以看出，《河圖》、《洛書》在漢代人心目中的地位。

這《河圖》、《洛書》類中，可分為兩種，一種是《河圖》緯和《洛書》緯。據《春秋緯》載，《河圖》有九篇，《洛書》有六篇。鄭玄曾根據《春秋緯》的說法注解儒經。到唐代初年，儒者們修史，作《隋書‧經籍誌》，仍能見到這些書的一部份。該誌記載，當時所見到的《河圖》，有二十卷，並注明梁代時有《河圖》、《洛書》共二十四卷。記事之後，作者評論道：

《易》曰：「河出圖，洛出書。」然則聖人之受命也，必因積德累業，豐功厚利，誠著天地，澤被生人，萬物之所以歸往，神明之所福饗，則有天命之應。

這就是開宗明義地指出，所謂《河圖》、《洛書》，乃是傳達天命的東西，是那些有了大功大德的聖人才能得到的東西。在這裡，隋誌作者完全不提《周易》八卦，因為在作者看來，《河圖》、《洛書》和《周易》八卦是完全不同的、沒有關係的兩件事。

蓋龜龍銜負，出於河、洛，以紀易代之徵。其理幽昧，究極神道。先王恐其惑人，秘而不傳。

龜、龍從洛河、黃河中銜負上來的《河圖》、《洛書》，是「易代之徵」，也就是說，是改朝換代的標誌。《河圖》、《洛書》上，記載著上帝的命令，也是上帝送給新的受命之君的禮物。

說者又云，孔子既敘六經，以明天人之道，知後世不能稽同其意，故別立緯及讖，以遺來世。

其書出於前漢，有《河圖》九篇，《洛書》六篇，云自皇帝至周文王所受本文。

這九篇《河圖》，六篇《洛書》，乃是從黃帝以來所接受的天命「本文」，而不是人的作品。

> 又別有三十篇，云自初起至於孔子，九聖之所增演，以廣其意。

另有三十篇，是對《河圖》、《洛書》本文的注解。緯是經解，因此，這三十篇才可以說是《河圖》緯或《洛書》緯。這些緯書的作者，是歷代的九位聖人，孔子，是九位聖人中的最後一位。

也就是說，那九篇《河圖》、六篇《洛書》，記載的乃是上帝的命令，上帝之言。那三十篇，是九位聖人對上帝之言的注解、發揮，「以廣其意」。

這就是從漢代到唐初幾百年間所流傳的《河圖》、《洛書》，它和我們今天見到的《河圖》、《洛書》是絕對的、互不相干的兩回事。或者說，我們今天所見到的黑白點《河圖》、《洛書》，絕對不是漢唐時代人們所說的《河圖》、《洛書》，更不是《尚書》、《論語》、《易傳》、《禮記·禮運》所說有《河圖》、《洛書》。

從漢代所定的緯書篇目看，《河圖》、《洛書》以及《河圖》緯和《洛書》緯，與其他儒經和緯書相比，居於非常特殊的地位。《河圖》緯和《洛書》緯，幾乎相當於其他所有緯書的總和。這樣的地位，是《周易》也無法比擬的。

漢光武帝劉秀，到泰山封禪，在祭告上帝的冊文中，大量引用了《河圖》、《洛書》以及它們的緯書，以說明自己作皇帝的合理性。所引的文字有：

《河圖赤伏符》：「劉秀發兵捕不道，四夷雲集龍鬥野，四七之際火為主。」

《河圖會昌符》：「赤帝九世，巡省得中，治平則封，誠合帝道孔矩，則天文錄出，地祇瑞興。帝劉之九，會命岱宗，誠善用之，奸偽不萌。赤漢德興，九世會昌，巡岱皆當。天地扶九，崇經之常。漢大興之，道在九世之王。封於泰山，刻石著紀；禪於梁父，退者考五。」

《河圖・合古篇》：「帝劉之秀，九名之世，帝行德，封刻政。」

《河圖・提劉予》：「九世之帝，方明聖，持衡矩，九州平，天下予。」

這些內容都說明了什麼呢？劉秀的冊文說：

河、洛命後，經讖所傳。

所謂「河、洛命後」，就是《河圖》、《洛書》任命了皇帝，是作皇帝的任命書。這樣的地位，也是《周易》難以比擬的。

冊文敘述了王莽篡位以後天下大亂的情景以後說：

皇天眷顧皇帝，以匹庶受命中興……

《河圖》、《洛書》，就是皇天眷顧皇帝的證據。而皇帝，也把《河圖》、《洛書》放在非常特殊的地位：

皇帝唯慎《河圖》、《洛書》正文，是月辛卯，柴，登封泰山（以上均見《後漢書·祭祀志》）。

《河圖》、《洛書》正文，是劉秀作皇帝的根據，而不是什麼畫卦的根據，這就是漢代人的《河圖》、《洛書》觀，至少是漢代人佔統治地位的《河圖》、《洛書》觀。

依這種《河圖》、《洛書》觀，《河圖》、《洛書》是有文字的，甚至可以說，是文字寫成的書。和《周易》各自刊行，互不相干。

據漢代的緯書描述，《河圖》、《洛書》中也有圖。那都是些什麼圖呢？

《春秋・運斗樞》，描述了虞舜時《河圖》出現的情形。說舜作了天子以後，到東方巡狩。有一天，和三公、諸侯們一起，到了黃河岸邊觀看，有條黃龍，馱著《河圖》出來，把《河圖》放到了舜的面前。圖盛在一個黃玉的匣子裡。匣子像一個小櫃，長三尺，寬八寸，厚一寸。上面有個小門。門上是白玉作的檢泥，封著兩端。上面蓋有圖章，章上五個字：「天黃帝符璽」。字長寬各三寸，深四分，是鳥形文字。舜與大司空禹等三十多人一起打開了圖，看到上面有：

七十二帝地形之制，天文位度之差。

依《春秋緯》的講述，《河圖》的圖，乃是地形圖和天文圖。

從現在的緯書殘卷看，《河圖》、《洛書》及它們的緯書區別於其他緯書的特點，就是多講地形和天文。如《河圖・括地象》：

天有九部八紀，地有九洲八柱。東南神州曰晨土；正南邛州曰深土……

天有五行，地有五岳；天有七星，地有七表……

地廣東西二萬八千里，南北二萬六千里，有君長之。八極之廣，東西二億三千三百里，南北三億三萬一千五百里。

我想，這些內容，大約都要配有圖。有些《河圖》篇中，對黃河走向的敘述非常詳盡：

黃河出自崑崙東北角剛山東，自北行千里，折西於蒲山；南流千里，至文山；東流千里，至秦澤。西流千里，至潘澤陵門。東北流千里，至下津，然河水九曲，其長九千里，入渤海。

這樣的內容，可說一定會配上圖，描述九曲黃河的流行。這圖如能傳到今天，一定是寶貴的歷史資料。

王莽當政時，有一次，河岸崩塌，堵塞了涇河。以致涇水北流。這本來是場災難，但大司空王邑說，《河圖》上說了，「以土填水」，是匈奴滅亡的祥瑞。於是王莽就派出兵馬，進攻匈奴。

王莽當時所見的《河圖》，很可能也是配有文字說明的黃河地形圖。

現存僅以《河圖》為書名的文字中，主要也是講地理區劃。《河圖》中說：

少室山有白玉膏，服之成仙。

玄洲在北海中，去南岸十萬里，上有芝生玄澗澗水，如密，服之長生。

《河圖》中可能確有天文圖，其中講天文占候的內容，比比皆是。

現存以《洛書》命名的內容，有講帝王受命的：

聖人受命，必順斗極。

有講天區和地區的對應的：

從南斗十二度至須女七度，為星紀，在丑，揚州；須女八度，至危十五度，為玄枵，在子，青州齊也……

有講日月行道的：

日月五星，行曆左角內，行在亢外四尺，行曆左氐外，行房兩股間，行心內六尺，行尾內十八尺，行箕內十二尺，行斗柄中一尺……

這樣的內容，如作成圖，就是天圖和地圖。

從宋代開始，就有人認為，《河圖》，應是有關黃河流域的地形圖。這樣的圖，有山川險易、道路物產，就像現在的地圖冊一樣。

這樣的圖，是上帝授予的，自然會寫上接受人的名字。關於這圖要授給誰的內容，被劉秀之類的人所特殊重視，而作為地圖的功能則退居次要地位了，或者僅是一張象徵性的地圖，這就是漢代人心目中的《河圖》、《洛書》。

然而，無論是作為地圖，或者是講述該誰接受天命，都是獨立於《周易》之外，並與《周易》平行的書籍。

河圖即八卦說

把《河圖》和八卦聯繫起來的學術觀點，是在《易》學之外發生的。據說是孔安國最先說出，《河圖》就是八卦。然而孔安國的事業，不在《易》學。孔安國的言論，見於後人對《論語》和《尚書》的注釋。據《漢書・儒林傳》，孔安國主要治《尚書》，也曾從申公學《詩》，但不是《易》學專家。他的意見，當時也未被《易》學採納。

繼孔安國之後，劉歆主張《河圖》是畫卦的根據。《漢書・五行誌》說：

《易》曰：「天垂象，見吉凶，聖人象人；河出圖，洛出書，聖人則之。」劉歆以為宓義氏繼天而王，受《河圖》，則而畫之，八卦是也。

劉歆的意見，和孔安國並不相同。孔安國以為《河圖》就是八卦，劉歆的意見是：《河圖》是作八卦的根據。至於《河圖》是什麼樣子？兩人也是不大相同的。

無論如何，由孔安國和劉歆開始，把《河圖》與《周易》聯繫起來了。

然而劉歆的意見，載於《漢書‧五行誌》。《五行誌》其實就是《五行傳》。《五行傳》，是為《尚書‧洪範》作的傳。在《五行誌》談《河圖》，其實僅是在《尚書》學的範圍裡談《河圖》，也就是說，《河圖》問題，是一個《尚書》學的問題，而不是一個《易》學問題。

劉歆同時還談到了《洛書》。劉歆說：

禹治水，賜《洛書》，法而陳之，《洪範》是也。

依劉歆說，似乎《洛書》就是《洪範》篇。不過《五行誌》進一步解釋說，

《洪範》篇中，從「初一曰五行」到「畏用六極」這一段六十五字，是《洛書》本文，後面的，自然是禹進一步推演的結果。

不論《洛書》是《洪範》篇，或者僅是篇中的六十五字，總之《洛書》乃是一篇文字，而不是那些黑白點。而且這篇文字，也不是畫卦的根據，而是作《洪範》的根據。也就是說，《洛書》是與《周易》無關的。

那麼，《河圖》、《洛書》又是什麼關係呢？《漢書・五行誌》繼續說：

……以為《河圖》、《洛書》相為經緯，八卦、九章相為表裡。

《河圖》、《洛書》，一為經，一為緯，那就是它們自成體系，而與別書無關了。

也就是說，孔安國與劉歆，也僅僅說了《河圖》為八卦，或是八卦的根據，還未說《洛書》與《周易》有什麼關係。在《河圖》、《洛書》與《周易》的關係發展史上，他們二位僅僅開了一個頭，而且也未得到很多人的承認。

若再進一步追問，則孔安國、劉歆的意見也是沒有根據的。為什麼說《河圖》是八卦，或者是畫卦的根據呢？也都不過是猜測而已。這種猜測之所以能繼續發展，原因在於漢代那九篇《河圖》與六篇《洛書》的妖妄。

上一節我們已經介紹，漢代所謂《河圖》，雖然也有天文、地理圖，但實際意義已經不大了。

大約在遙遠的古代，畫一幅地理圖並非易事，特別是得到別人統治區內的地圖。武王伐紂，在關西，得到商統治區的地圖，十分必要，也十分寶貴，把這圖視作上帝的恩賜，也在情理之中。也可能是武王伐紂以後，得到了商的地圖。商直接統治區就是黃河流域，得到這圖十分便利於統治。商的滅亡被視作上帝的干預，拋棄了商，而任命周人來行施統治。商統治區內的圖轉歸了周，也自然會被視作上帝的恩賜。後人一傳再傳，遂有「河出綠圖」之說。

數百年後，諸侯混戰，戰爭和政治統治的需要，使地圖的製作技術有了長足的發展。戰國末年，燕國已可以向秦國進獻地圖。秦朝滅亡，蕭何從秦的檔案中得到了許多地圖，使劉邦得以了解山川險易、道路遠近、人口物產狀況，不僅便利於劉邦的軍事行動，對以後的政治統治也十分便利。

不過，這時雖然仍舊把得到皇位看作天命，但地圖的神秘性似已大大減少。

人們很清楚那是人自己所畫。而從長沙馬王堆漢墓出土的帛書地圖中，我們還能看到當時地圖的某些模樣。現實地圖製作的發展，早已取代了那上古非常粗略的地圖，從而使上古那些圖僅僅成為一種象徵，一種想像中的神物。

這時，人們所注意的，就不再是圖的本身，而只是這圖的作用：它授給誰？讓誰來實施統治？於是這種象徵性的圖就成了帝王受命的祥瑞。漢代儒者們創作的那九篇《河圖》，就主要是帝王受命之物了。

類似的過程我們在別的地方也可以見到。《道藏》中，有一種「五岳真形圖」。據《道藏》中一些資料推測，這些圖很可能漢代就已出現。起初它很可能是對五岳真形的模寫。不符合的地方，也只是由於技術不精。但那圖的粗略也是顯而易見的。後來，當人們對五岳真形的了解越來越多之後，這圖就成了一種神物。據說若佩帶它們，就可以避邪鬼惡神、虎豹豺狼，還可以役使鬼神為自己服務。

當《河圖》主要成為受命之物的時候，上面充斥的也就是誰該受命的神諭讖言。漢代滅亡，讖緯的荒誕也日益被人們認識，讖緯書被人們拋棄、鄙視，自然也包括那所謂《河圖》、《洛書》本文。漢以後的皇帝們，當他們要奪取帝位的時候，也常常利用這些讖言。比如曹丕作皇帝時，華歆、王朗等人上書說：

> 《河圖》、《洛書》，天命瑞應，人事協於天時，民言協於天敘。伏者群臣外內前後章奏，所以陳敘陛下之符命者，莫不條河、洛之圖、書，據天地之瑞應。

也就是說，曹丕作皇帝，天命方面的根據，就是《河圖》、《洛書》。但是，當他作了皇帝以後，如再出現此類事情，他就要加以禁止，視作妖妄了。

曹丕死，他的兒子曹睿繼位，黃河上游的水裡出現了一塊大石頭，上面畫著麒麟、鳳鳥、白虎、犧牛分佈四方，中間一匹馬，還有八卦及一些星象圖。文字有十幾個，其中有「大討曹」、「大司馬」的字樣。這顯然是司馬氏集團弄鬼。魏明帝曹睿下令鑿去「大討曹」這樣的字，認為這是妖妄。

妖妄越來越被人認識，禁絕也越來越厲害。《隋書・經籍誌》說：

至宋大明中，始禁圖讖。梁天監以後，又重其制。及高祖受禪，禁之愈切。煬帝即位，乃發使四出，搜天下書籍與讖緯相涉者，皆焚之。為吏所糾者，至死。

自是無復其學，秘府之內，亦多散亡。

十五年前，我還是個研究生，聽張岱年先生講《史料學》。張先生說，隋煬帝這人很壞，但他禁讖緯，並且作得最為徹底，卻是辦了一件大好事。不然的話，我們今天還要花很多力氣，來研究這些荒唐的材料。

到唐代，對讖緯的禁絕也沒有停止。酷吏們為了陷害別人，羅織罪名，常常預先把一卷讖書放在人家家裡，然後去搜查，以此給人定罪。據說有一次，酷吏們把一卷緯書扔到一家人家的房頂上。此時被別人發現，把那書偷走了。酷吏們來查，一無所獲，這一家才倖免於難。

唐代這樣長期的打擊，似乎比隋煬帝更為徹底。唐初，隋朝秘府所藏，還有緯書近百卷，其中《河圖》二十卷。到了宋代，據說只有《易緯》八卷尚存了。所謂《河圖》、《洛書》正文，只可以說是反映了漢代人的《河圖》、《洛書》觀。要說它就是龜龍從河、洛水中銜負上來的天書，不過也是謊言罷了。本質上，它也是一種讖。所以當讖緯屢遭禁止，漢代人造的《河圖》、《洛書》也就遭到了同樣的命運。

漢代人造的《河圖》、《洛書》被否認了，漢代人的《河圖》、《洛書》「觀」也一步步被否認了。曹魏末年，司馬氏弄鬼作的那個《河圖》，於文字、圖畫、星象之外，也畫上了八卦。南朝梁代，沈約等人作《宋書》，其中《符瑞誌》所載，也加上了伏羲時得《河圖》，則之畫卦。到孔穎達作《周易正義》，其卷首就明確指出，伏羲得《河圖》而作八卦。這時，《河圖》才正式成了《周易》的源頭。

不過，孔穎達只說《河圖》是畫卦的根據之一：

> 伏羲雖得《河圖》，復須仰觀俯察，以相參正，然後畫卦。（《周易正義》卷首《第二論重卦之人》）。

至於《河圖》（包括《洛書》）是什麼樣子？孔穎達似乎仍保留著傳統觀

念。他作的《尚書正義》中，一面批評讖緯之偽，一面解釋說，孔安國《尚書傳》說大禹因龜背之文，因而第之，是「以天神言語。必當簡要。不應曲有次第，丁寧若此，故以禹次而第之也」(《尚書正義・洪範》)。由此看來，孔穎達仍然沒有否認，《河圖》、《洛書》所載，乃是「天神言語」。

孔穎達之後，又出現了兩次較大規模地偽造「天神言語」事件。一次是武則天時，武承嗣讓人在一塊白石上鑿了「聖母臨人，永昌帝業」八字，讓人獻上，說是得於洛河。武則天命名為「寶圖」，並為此事舉行了隆重的拜受寶圖祭告天帝的大典。此事的妖妄是顯而易見的。況且「臨民」寫成「臨人」，似乎作為天父的上帝還要避天子李世民的諱！

第二件是王欽若勸宋真宗造天書。宋真宗猶豫，王欽若說，陛下以為《河圖》、《洛書》果有其事嗎?人造的東西，只要自己堅信不移，就和真的一樣。王欽若這裡說的《河圖》、《洛書》，仍是載天神言語的《河圖》、《洛書》。這樣的《河圖》、《洛書》，也是一種天書。而宋真宗造的天書，也就是一種《河圖》、《洛書》，不過不是得自黃河、洛河水中，而是得自宮中和泰山罷了。

這種記載天神言語的《河圖》、《洛書》或天書，其荒唐面目進一步暴露，越來越多的人對此類事感到反感。宋真宗偽造天書時擔任宰相的王旦，臨死時追悔說，他一生最大的錯事，就是沒有諫止宋真宗造天書。宋真宗死，當時的宰相王曾說，天書是先帝的寶物，就讓他陪葬先帝吧。

記載天神言語的天書（包括《河圖》、《洛書》）已經作了充分的表演，所以遭到了劉牧的明確批評。劉牧說：

> 今儒以禹受《洛書》，書載天神言語，陳列字數，實非通論。「天何言哉」！聖人則之，必不然也。

「天何言哉」，出於《論語》，是孔子的話。這就是說，天是不講話的，哪有什麼載天神言語的書！於是，漢代以來，認為是記載天神言語的《河圖》、《洛書》觀遭到了徹底否定，這樣的《河圖》、《洛書》也得不到人們的信任，或者說，這樣的《河圖》、《洛書》並不是《河圖》、《洛書》，那麼，真正的《河圖》、《洛書》是什麼呢？

在這種情況下，劉牧創造了黑白點《河圖》、《洛書》。

黑白點河圖洛書

黑白點《河圖》、《洛書》，最早見於劉牧的《易數鉤隱圖》。關於來自陳摶的說法，是沒有根據的。

從劉牧的書名「易數鉤隱圖」看，劉牧本人已經指出，其中的圖，乃是《易》數的鉤深索隱，即為解釋《易》數而作。我們前面已經分析了劉牧的序言，那裡也明確說明，黑白點《河圖》、《洛書》是為解釋《易》數而作。但在書中，劉牧卻堅決咬定：黑白點《河圖》、《洛書》是龜龍從黃河、洛河中銜負而出的聖物，是畫卦的根據，我們就來分析一下劉牧的圖和《易》的關係吧。

劉牧《易數鉤隱圖》共有五十五幅，第一為「太極」。劉牧說：

> 太極無數與象，今以二儀之氣混而為一以畫之，蓋欲明二儀所從而生也。

那麼，很顯然，第一圖「太極」，就是對「易有太極，是生兩儀」那個「太極」的圖解。第二為「兩儀」圖。劉牧說，元氣始分，沒有形象，叫兩儀；有了形象，就是天地。因此，「兩儀乃天地之象，天地乃兩儀之體」。有了天地，就有了數。二氣交感，就是「天一下而生水，地二上而生火」。兩儀圖的意思，用「天一天三」表示天左旋，「地二地四」表示在右動。而「天一」、「地二」之類，就是所謂《易》數，見於《周易・繫辭傳》。

第三圖為「天五」圖。劉牧注道：

天一地二天三地四，此四象生數也。至於天五則居中，而主乎變化，不知何物也，強名曰中和之氣。

因此，「天五」圖就是對《繫辭傳》「天五」的圖解。劉牧說，經上雖然說了四象生八卦，但須三五變易，得到七八九六這樣的成數，然後才能生八卦。這已開始把八卦的產生歸結為數。

第四圖為「天地數十有五」圖，旨在解釋為何由「天五」而生變化。劉牧解釋說，從天一到天五，共十五。即1＋2＋3＋4＋5＝15。其中天一天三天五為九，是陽數，所以乾元用九；地二地四為六，是陰數，所以坤元用六。加上五行的成數，即6＋7＋8＋9＋10＝40，共五十五。天地之數就齊備了，於是可以成變化而行鬼神。

因此，「天地數十有五」圖乃是對天一到天五這個《易》數的圖解。

以下四圖，為「天一下生地六」圖，「地二上生天七」圖，「天三左生地八」圖，「地四右生天九」圖。據劉牧說，這是解釋《繫辭傳》中這一句話：「參伍以變，錯綜其數。通其變，遂成天地之文；極其數，遂定天下之象。」不過天一地二上生下生之說，乃是吸取了五行生成數的說法。五行生成數，是漢代人解說《尚書・洪範》的一種說法，後來被人借來說《易》。

第九圖是「兩儀生四象」。劉牧批評了孔穎達說金木水火為四象的意見，也批評了莊氏把「實象」、「假象」、「義象」、「用象」作為四象，提出了自己的「四象」說。劉牧說，「兩儀生四象」的「四象」，就是七八九六。這四象，也是生八卦的四象；「易有四象，所以示也」的四象，即吉凶為失得之象，悔吝

為憂虞之象，變化為進退之象，剛柔為晝夜之象。這些話，都見於《繫辭傳》。而劉牧的圖，也是時時處處和《易傳》密切相聯。

劉牧在這裡還指出，天一生地六到地四生天九，這是「《河圖》四十有五之數」。至於《河圖》四十有五的根據何在？劉牧將在以後解釋。

第十圖為「四象生八卦」。劉牧解釋說，七八九六之數，也是五行火木金水之成數。水居坎（六）而生乾，金居兌（八）而生坤，火居離（九）而生巽，木居震（七）而生艮，於是八卦成就。我們注意到，劉牧這裡的八卦方位，仍是所謂後天方位。

接下來是「二儀得十成變化」圖，「天數」圖，「地數」圖，「天地之數」圖，「大衍之數」圖，「其用四十有九」圖，都是對《繫辭傳》中所謂《易》數的圖解。其中「二儀得十成變化」圖，共有五十五點。劉牧解釋說，這是五行生成數，本屬《洛書》。而實際上，所謂《洛書》，不過是對五行生成數的圖解。

從「少陽」圖第十七到「天合地十為土」圖第三十二，是對《周易》中乾坤陰陽八卦的圖解。在劉牧看來，乾坤陰陽八卦，都是可以用數來表示的。比如陽是九或七，陰是六或八。乾獨陽，表示為三；坤獨陰，表示為六。坎離震兌，都用相應的五行數來表示。第三十三是「人稟五行」圖。人稟五行不是《易傳》的內容，不過在劉牧那裡，早已把五行八卦合在一起了。

以上構成《易數鉤隱圖》的上卷。其中卷十三幅圖，在某種意義上說，這都是一些卦變圖。比如「乾坤生六子」圖第三十四，「艮為少男」第四十一等。

不過劉牧沒有用卦象來表示乾坤與六子的關係，而是用黑白點，也就是用數來表示乾坤生六子的過程。比如「坤上交乾」圖（圖6）。

其他圖，也大體與此類似。

這一卷最後兩圖，一是「三才」圖，天是兩個白點，象徵純陽；地是兩個黑

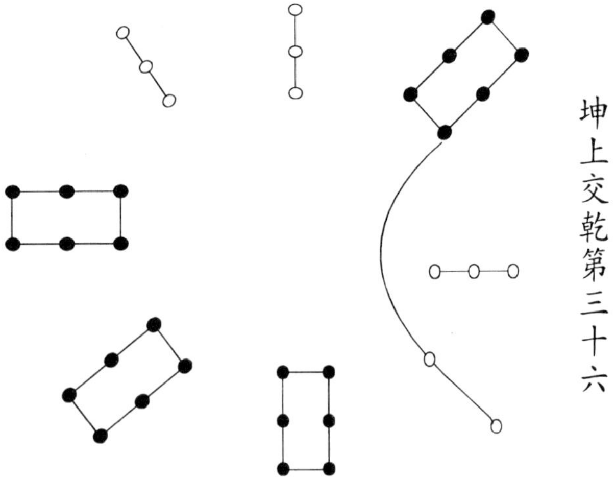

圖6　坤上交乾圖

點，象徵純陰，人是一黑一白，當是一陰一陽。或許是劉牧怕人責難自己這樣的畫法太輕率，在「三才」圖後解釋說：

夫卦者，天垂自然之象也。聖人始得之於《河圖》、《洛書》，遂觀天地奇偶之數，從而畫之，是成八卦，則非率意以畫其數也。

劉牧顯然是要為八卦成因尋求新解釋。說八卦生於數，乃是根據《易傳》。把數變為點，是劉牧的創造。不過，這一步還較為容易。一個點代表一，兩個點代表二，十就是畫十個點，五就是畫五個點。這是小孩子都可以作到的。把點分黑白，以代表陰陽，也是一種創造，而且不是小孩所能作的了。但是，如何把點過渡為爻象，即過渡為畫，卻是大人也難辦到的事。為什麼點要變成那一長兩短的兩種爻象，怎麼想起來要把點變為畫，直接用點不是很好嗎？

這是一個決定性的飛躍，是一個質的變化。至今為止，我們還沒有聽到對這種變化的合理解釋。這也是據黑白點《河圖》、《洛書》畫卦說最難逾越的障礙之一。

從黑白點到卦畫最難逾越的障礙之二，是為什麼一三五七九都表示為陽爻，而二四六八十都表示為陰爻，如何對它們加以區別？作卦時，七八九六可注在爻旁，那麼，其他幾個數呢？當然，據《易傳》「大衍數」，最後得出的只是七八九六，所以根本不必管其他數。但劉牧的「鉤隱圖」，卻是十數俱全，為什麼要捨棄那些數呢？

而且，在「三才」圖之前，劉牧已經有了「四象生八卦」圖，有了「乾坤生六子」圖，在那裡，根據《易》數，早已生成了八卦，這些圖，分明都是劉牧自己獨出心裁，與《河圖》、《洛書》何干呢？《易數鉤隱圖》卷下，是《河圖》、

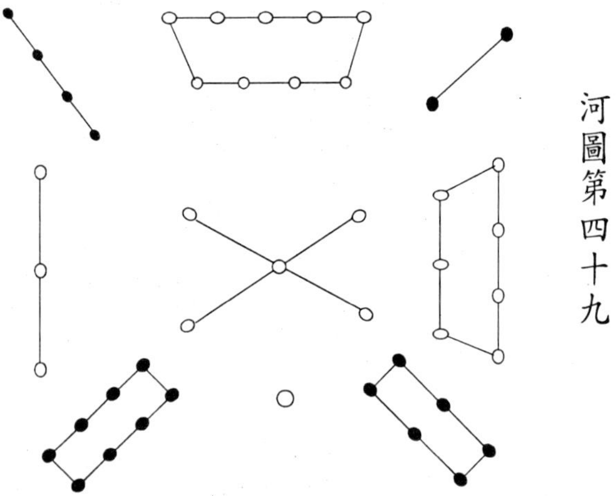

圖 7　劉牧河圖

《洛書》及其衍生圖。圖7為劉牧《河圖》，圖8為劉牧《洛書》。

劉牧在《河圖》下注道：

以五為主，六八為膝，二四為肩，左三右七，戴九履一。

其下有「河圖天地數」圖，「河圖四象」圖，「河圖八卦」圖等，不過是前面「天地數十有五」圖，「七八九六合數」圖、「四象生八卦」圖的重複，在這裡似乎又是從《河圖》演化而來。

當我們從頭開始，一路考察到此，很清楚地知道，劉牧所說的《河圖》，不過是他先把《易》數變成黑白點，然後把太

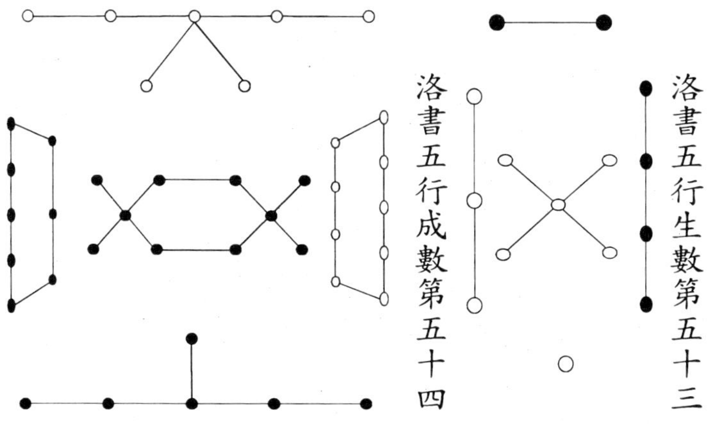

圖8　劉牧洛書

極、兩儀、四象、八卦、陰陽、五行等，都分別點之成圖。《河圖》，不過是這些圖演進的結果。但劉牧一旦演進到《河圖》，就馬上倒過來，把《河圖》，還有《洛書》，說成《易》的根源。

《易數鉤隱圖》卷下，有《龍圖龜書論》上下篇。其上篇說道：

觀今龍圖，其位有九，四象八卦，皆所包蘊。且其圖縱橫皆合天地自然之數，則非後人能假偽而設之也。

所謂「天地自然之數」，就是第四圖所說的「天地數十有五」。這樣的數陣排列，漢代早已存在。劉牧正是用這個數陣，把數變成點，然後指為《河圖》。

對於《洛書》，劉牧則說道：

今《河圖》相傳於前代，其數自一至九，包四象八卦之意，而兼五行之數。《洛書》則唯五行生成之數也。

這也說得明確：《洛書》乃是五行生成數。

不過，劉牧所作五十五圖中，有《河圖》，卻無《洛書》圖，只有《洛書五行生數圖》、《洛書五行成數圖》。《易數鉤隱圖》之後，劉又作《易數鉤隱圖遺論九事》，其中也是只有《河圖》，而無《洛書》圖。這是怎麼一回事呢？

劉牧在《洛書成數圖》後寫道：

或問曰：「《洛書》云：『一曰水，二曰火，三曰木，四曰金，五曰土』，則與龍圖五行之數位不偶者，何也……」

劉牧下意識地把「一曰水，二曰火……」當成「《洛書》云」，表明他的心目中，還殘存著《洛書》即《尚書・洪範》篇（或《洪範》一部分）的傳統觀念。所以雖然後來他力辯《洛書》「惟五行之數」，不是載天神言語、陳列字數的書，但還是難以理直氣壯地畫出一個《洛書》來。

經由劉牧的辯解，後人就可以比較放心大膽的了。所以朱震《漢上易傳卦圖》中的《河圖》、《洛書》，楊甲《六經圖》中的《河圖》、《洛書》，就都是一些黑白點了。

由這一節的考察，可以肯定地說，劉牧黑白點《河圖》、《洛書》，實是對《易》數和五行生成數的圖解。那麼，劉牧是怎樣想起由這樣的數陣排列去解釋《易》數呢？這是由於他根據前代的資料，一是九宮數圖，一是五行生成數。

從九宮數圖到河圖

古代有一種建築叫「明堂」。這種建築的作用，是祭祀場所？還是施政之所？這種建築的形式，到底如何？漢代的儒者們已經不甚了了，並且爭論不休。一種說法是：明堂九室，以茅蓋屋，上圓下方。漢武帝封泰山時，發現泰山東北腳下有古代的明堂遺址，但已破敗不堪。漢武帝想另建明堂，不知形制如何。於是濟南人公玉帶獻上黃帝時的明堂圖，其形制是：中間一殿，四面無牆，茅草頂，周圍環水。上面有樓，樓門在西南。天子在明堂內祭祀上帝。當時的上帝有六位，最尊貴的是太一，下面是五帝。

東漢時，著名學者蔡邕著有《明堂論》。《明堂論》認為，明堂，就是太廟，就是太學。它們名稱不同，說的都是一回事。它既是施政之宮，又是祭祀之所，也是學校所在之地。它的形制，都有一定的象徵意義。比如上圓下方，象徵天圓地方。圓者徑長二一六尺，是乾之策；方者邊長一四四尺，是坤之策；九室，象徵九州；十二宮，象徵十二辰。堂高三丈，象徵三統；四周環水，象徵四海等等。

後來的儒者們，不斷對明堂的建制發表意見。而明堂作為祭祀場所，則見於正史的《禮誌》。明堂作為施政場所，則有《木蘭詩》為證：「歸來見天子，天子坐明堂。」

唐代武則天任命和尚懷義所造明堂，窮極壯麗。又造一個大神像，小手指中就能容納幾十人。為安放這個巨大的神像，在明堂之北又造了一個天堂。每天萬餘人，造了好幾年，致使國家財政空虛。後來，由於御醫沈某也得武則天寵愛，懷義就一把火燒了天堂，延及明堂，都成為灰燼。

第二年，武則天又造了一座較小的明堂，高二九四尺，方三百尺。其高合為公制，大約為一百公尺。這樣的高層建築，即使在今天，也夠雄偉的。而這個還是小的，可以想見那個大的如何了。

這樣的龐然大物，往往給國家造成財政困難。後來就有以某個大殿代為明堂的。現在北京天壇公園中的祈年殿，在明代就作為明堂使用。到清代，為使名實相符，才改名為「祈年」。

上述這粗略的明堂發展史表明，明堂，是古代國家非常重要，非常神聖的建築。這個建築的各種形制，都有神聖的象徵意義。而據《大戴禮記・明堂篇》所說，明堂九室，也各有自己的數：

> 明堂者，古有之也。凡九室：二、九、四、七、五、三，六、一、八。

至於這些數各自有什麼象徵的意義？《明堂篇》沒有說明。把這些數排列成一個數陣，是一個初級幻方圖：

四	九	二
三	五	七
八	一	六

這個幻方，橫行、豎行，其和都是十五。

對於《周易》來說，表示陰陽爻的四個數分別是七八九六。七八之和，九六之和，都是十五。因此，在一定意義上可以說，十五這個數，乃是一陰一陽的象徵。而明堂九室的設制，本身就有法天地，合陰陽的意思在內。依《呂氏春秋》以後的說法，天子一年之中，不同的月份，要居於明堂九室（或十二室）中的某一個，其次序是春居東，夏居南，秋居西，冬居北，每月換一室。

依《呂氏春秋》或《禮記・月令》所說，則明堂九室或十二室只能是自然數的依次排列。大約作者不滿意於這種關係，企圖另作安排，使數的排列（象徵天子每月所居之室）有某種象徵的意義，最後發現了這種「四正四維皆合於十五」的數陣，於是就把它公佈了出來。

因此，明堂數的產生，乃是漢代普遍流行的法天地、合陰陽思想的結果。雖然，「合於十五」很可能有《周易》七八九六的影子，但它卻不是為了解《易》。古人著述，和今人著述一樣，都要採納他人的成果。而《周易》，也採納別書的成果，一般情況下，是無須特加重視的。在當時看來，這個明堂數乃是禮學的成就，還不是易學的成就，更不是什麼《河圖》數或《洛書》數，不是畫卦的根據。

後來，《易緯・乾鑿度》又把這種地上的形制推廣到天上，製成太一下行九宮圖。說天上的太一神按照這個數字，巡視四面八方。

太一神當時是最高神。太一所在之處，也是幸福所在之處，太一將會給那裡的人們帶來幸福。依據這一思想，人們製成了九宮占，即占卜太一所在的方位，以推斷吉凶禍福。安徽阜陽出土的九宮占盤，當是古代九宮占的道具之一。有人據這種道具，斷定漢代已有那黑白點《河圖》、《洛書》。這是一種糊塗觀念。是的，黑白點《河圖》或《洛書》所表示的數字排列，漢代的確已經存在，但那是九宮數、明堂數，而不是《河圖》數。劉牧把九宮數變成黑白點陣，說那就是《河圖》。如黃宗炎《圖學辨惑》所說，這是強拉螟蛉子作了高曾祖。這是劉牧的指鹿為馬，而不能說鹿就是馬。

五行生成數和九宮數有類似的情形。這樣的數，先見於《尚書・洪範》，後人們加上「成」數，至少在漢代，五行生成數的說法已經完備。但它不是《河圖》，也不是《洛書》，當時它只是五行生成數而已。劉牧用這樣的數陣作了《洛書》，那是劉牧的事情，但不能說漢代就有了那黑白點《洛書》。

劉牧的《河圖》、《洛書》產生以後，一部份人熱烈擁護，一部份人也堅決反對。朱熹，則把劉牧的《河圖》作為《洛書》，把劉牧的《洛書》作為《河圖》，放在《周易》卷首。這樣，用九宮數和五行生成數作成的《河圖》、《洛書》就正式成了《周易》的源。如黃宗炎所說，這個《周易》的螟蛉子終於成了《周易》的高曾祖。

《河圖》、《洛書》與《周易》的關係可以小結如下：

(1)《河圖》最初是周王室的一件寶物，後來失傳，不知它到底是什麼寶物？什麼模樣？

(2)春秋戰國時代，人們把《河圖》神化，認為它是出自黃河，上帝所賜的神物。同時還出現了洛河裡出《洛書》的神話。

(3)漢代儒者的主流意識，認為《河圖》、《洛書》乃是記載天神言語的天書，上有天文、地理圖。只有個別人認為，《河圖》是八卦或畫八卦的根據。至於《洛書》，則一致認為是載天神言語的書。

(4)漢儒創造出了《河圖》、《洛書》，內容主要是講述帝王受命之事。《河圖》有九篇，《洛書》有六篇，都是單行的書，和《周易》並列，其地位還遠在

《周易》之上。

(5)漢代的讖緯迷信遭到後人的否定，記載天神言語的漢代《河圖》、《洛書》也隨之失去了人們的信任。《河圖》是八卦，或為八卦之源的意見被越來越多的人所承認。孔穎達作《周易正義》，正式承認《河圖》為八卦之源。

(6)宋代劉牧，不滿於前代儒者紛擾不清的仰觀俯察說，據《易傳》論數的那部份內容，認為卦象來源於數。並把數轉換成黑白點，作成各種各樣的圖，對《易傳》中關於數的內容進行圖解，並闡明數為卦象之源。由於《易傳》中所說的《易》數，與九宮數和五行生成數，都是十以內的自然數，劉牧就用九宮和五行生成數的排列圖式來說明《易》數，並把數轉換成黑白點，分別指稱為《河圖》和《洛書》。

(7)由於人們對記載天神言語的《河圖》、《洛書》失去信任，由於《易》學中的仰觀俯察說難以自圓其說，劉牧的意見逐漸流行起來。到朱熹，把劉牧的《河圖》作《洛書》、把劉牧的《洛書》作《河圖》，置於《周易》卷首，《河圖》、《洛書》從此正式成了《周易》八卦之源，成為《周易》不可分割的一部份。

從黑白點《河圖》的問世可以看出，一件廣有影響的文化創造，不會憑空產生，更不會憑空被人接受，它乃是一系列文化發展的產物。從黑白點《河圖》的問世還可以看出，人們創作《易》圖的目的，為的是圖解《周易》的某些內容。然而要對《周易》作出新的解釋，必須從其他文化領域吸取營養。

九宮數和五行生成數，本來都是與《周易》無關的、其他領域的文化創造，現在卻把它硬拉來，作了易學的基礎。易學的發展，就是靠從現實中，從其它文化領域中吸取營養而壯大起來的。從現實中，從其他文化領域中吸取營養來解釋《周易》，也是《易》圖創作的一般原則。

河圖洛書的推廣

黑白點《河圖》、《洛書》由於得到朱熹的承認，並置於《周易》卷首，其地位迅速提高，甚至超於《周易》之上。不過朱熹以十數為《河圖》（圖9），而九數為《洛書》（圖10）。

劉牧以十數為《洛書》，理由是《尚書・洪範》中講五行，而五行生成數為一

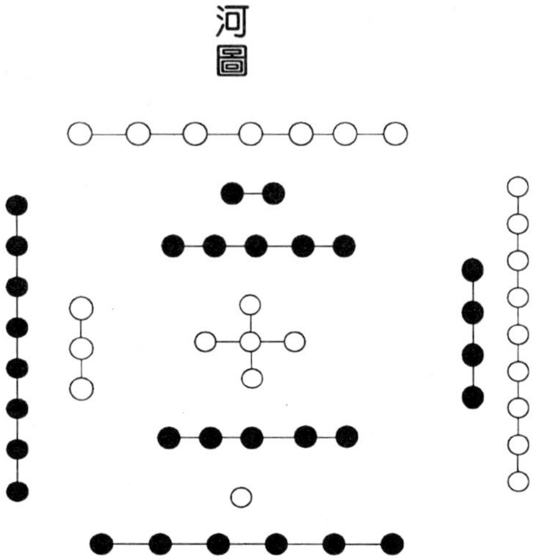

圖 9　朱熹河圖

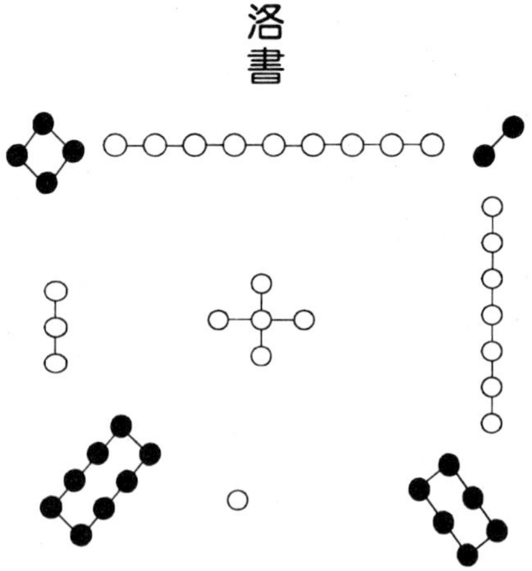

圖10　朱熹洛書

至十。他既然用了五行生成數，也就涉及五行與《洪範》的關係，而劉歆又有《洛書》即《洪範》之說。以十為《洛書》，表明他還沒有完全割斷與舊的《河圖》、《洛書》觀的聯繫。以五行生成數為《洛書》，也就只能以九宮數為《河圖》，對於劉牧，這是一種不得已。

到朱熹，則進一步擺脫了舊的《河圖》、《洛書》觀，完全用新的精神來說明《河圖》、《洛書》。《河圖》與《洛書》相比，《河圖》的地位顯然要高一些。而《繫辭傳》中，講天一到地十，講大衍之數，都沒有僅說從一到九的，為使《河圖》與《易傳》密合，必須認十數為《河圖》，這當是朱熹以十為《河圖》的基本理由。以十為《河圖》，也就只能以九為《洛書》。況且《洪範》有九疇之說，偽孔安國《尚書傳》又說龜背有數一至九，因此，以九為《洛書》，其理由也就更為充分。

劉牧和朱熹相比，劉牧不得不顧及二圖的來源，朱熹則更加注意與《易傳》的符合。二者的共同目的，都是重新解釋八卦之源。為重新解釋八卦之源，必須首先解釋《易》數之源。朱熹和劉牧的爭論正好說明，黑白點《河圖》、《洛書》並不是《易》數之源，而《易》數倒是《河圖》、《洛書》之源。黑白點

《河圖》、《洛書》僅是對《易》數提供的一種解釋。由於這種解釋倒因為果，遂使黑白點《河圖》、《洛書》取得了至高無上的地位。

《河圖》至上地位的最高表現，就是把黑白點《河圖》、《洛書》說成是古代一切文化創造之源。

班固《漢書・藝文誌》就說，六經之中，《周易》「為之原」。而在儒家學者看來，儒家六經至高無上，《周易》既為六經之原，也就是一切文化之源。而《河圖》又為《周易》之源，也就當然更是一切文化之源了。今天的人們說《周易》是中國傳統文化之源，其說法是有根據的，但這種根據並不可靠。

明代初年，趙撝謙作《六書本義》。「六書」是漢字造型的六種規則，如指事、象形等等。《六書本義》也就是一部講文字學的書，但趙撝謙在卷首放上《河圖》，在他看來，《河圖》是八卦之源，也是文字之源。

今天人們最應加以注意的，是把黑白點《河圖》、《洛書》說成自然科學之源，其中又主要是數學之源。清初著名學者李光地，協助康熙皇帝作《御纂周易折中》，其中認為，《河圖》為「加減之原」（圖11），《洛書》為「乘除之原」（圖12）。

河圖加減之原

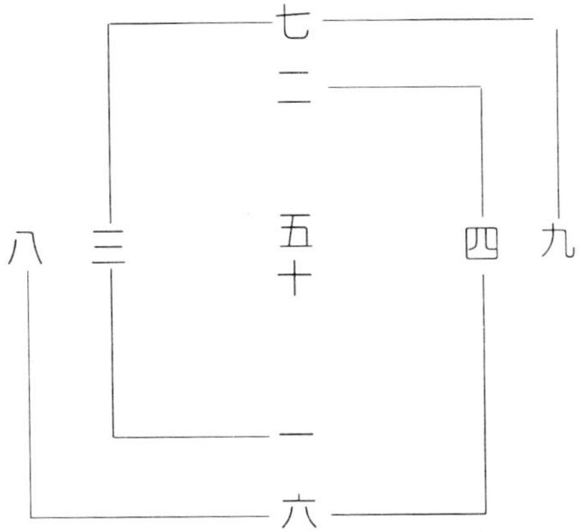

一 三 七 九 二 四 六 八

用中兩率三七相加爲十以一減之得九以九減之得一

若用一九相加亦爲十以三減之得七以七減之得三

用中兩率四六相加爲十以二減之得八以八減之得二

若用二八相加亦爲十以四減之得六以六減之得四

圖11 河圖爲「加減之原」圖

洛書乘除之原

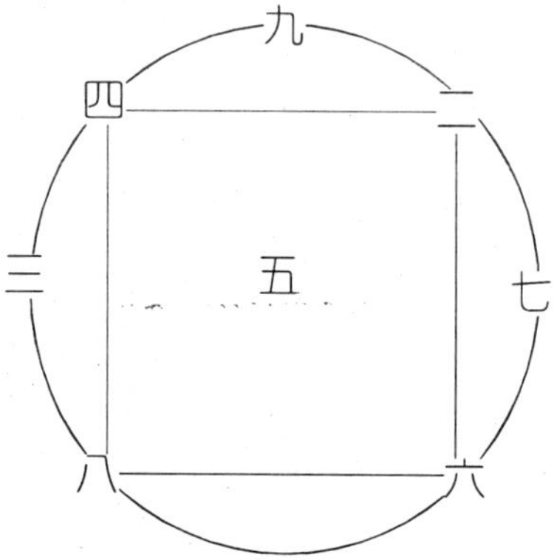

一 三 九 七 二 四 八 六

用中兩率三九相乘爲二十七以一除之得二十七以二十七除之得一

若用一與二十七相乘以三除之得九以九除之得三

用中兩率四八相乘爲三十二以二除之得十六以十六除之得二

若用二與十六相乘以四除之得八以八除之得四

圖12 洛書爲「乘除之原」圖

李光地解釋說：「大傳曰：天一地二天三地四天五地六天七地八天九地十，天地之數，……此加減之原也；又曰：參天兩地而倚數。天數以三行，地數以二行，此乘除之源也。」加減乘除，又是一切數字計算的基礎：「……實則諸數循環，互為其根，莫不寓乘除之法焉，而又皆以加減之法為之本……」（《御纂周易折中》卷21）。因此，《河圖》、《洛書》為加減乘除之原，實際上也就是說《河圖》、《洛書》為整個數學之原。

李光地把《河圖》還原為數，然後從一開始，把一三七九用折線聯起，又把二四六八用折線連起。然後說，一三七九之中，中間兩數（三七）相加為十，首尾兩數（一九）相加也為十。十減九得一，減一得九；十減七得三，減三得七。同樣，在四個偶數的聯線上，中間兩數（四六）相加得十，頭尾兩數（二八）相加也得十。十，減八得二，減二得八；減四得六，減六得四。

這樣，李光地就證明了黑白點《河圖》是加減之原。

從李光地時代到現在，恐怕很難有一位認真的數學家會把李光地的證明當作數學證明，更不要說證明數學之原。然而，李光地還用同樣的方法證明了《洛書》是乘除之原。

李光地說，在一三九七的聯線上，三九相乘，為二十七。二十七除以二十七，得一；除以一，得二十七。一乘二十七得二十七，除以三得九，除以九得三。七在這裡無用武之地。至於二四六八之聯線，我們就不必再介紹了。

這樣一種數陣，和卦象排列一樣，真正是「橫看成嶺豎成峰」的，只要細心研究，從任何一個角度，都會看出某種規則的現象。李光地從《洛書》中，看出了三十二種加減關係，六十四種乘除關係。然而，加減乘除並未窮盡《河圖》、《洛書》數陣中的數學關係。李光地繼續研究，其重要收穫之一，是發現了《洛書》與勾股術的關係，並作有《洛書勾股圖》（圖13）。

圖上那些數字是怎麼來的？李光地也沒有說明。這些數字和《洛書》數陣有什麼關係？更使人莫名其妙。依圖研究，當是設定了勾三股四弦五之後；再乘以三，則得勾九股十二弦十五；再乘以三，得勾二十七股三十六弦四十五；最後一組數字，也是如此得出的。至於這樣作的理由何在？李光地也不加說明。

勾股術對當時的數學，有特殊重要的意義。

明清之際，正是西方科學首次以較大規模傳入中國的時期。當時傳入的西方科學，帶頭的是天文學。天文學的基礎，是數學。數學的精華，又是阿基米德的

洛書句股圖

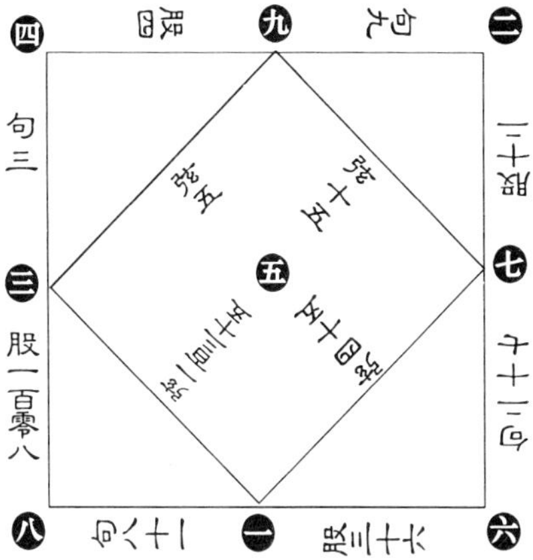

句三股四弦五

句九股十二弦十五

句二十七股三十六弦四十五

句八十一股一百零八弦一百三十五

此洛書四隅合中方而寓四句股之法者推之至於無窮法皆視此

圖13 洛書勾股圖

《幾何原本》。《幾何原本》如何為當時中國的優秀學者所折服，從徐光啟的言論中可見一斑。徐光啟說：

《幾何原本》者，度數之宗。(《幾何原本・序》)
能精此書者，無一書不可精。(《幾何原本雜議》)
此書有四不必：不必疑，不必揣，不必試，不必改……。(同上)

清初數學家梅文鼎，同樣對《幾何原本》推崇備至。他說：

《幾何原本》為西算之根本。(《幾何摘要・要目》)

然而幾何之理，又是勾股：

幾何不言勾股，然其理併勾股也。(《幾何通解》)

而他的《幾何通解》，就是要用勾股術去解阿氏幾何。也就是說，在他看來，《幾何原本》是西算之根本，而勾股術又是幾何之根本。

那麼，李光地說，勾股術的根本又是《洛書》，結合會是如何呢？結論當是：黑白點《河圖》、《洛書》，不僅是中國數學之原，而且也是西方數學之原。

李光地還用一至十的自然數作成一個三角形，命名為《河洛未分未變三角圖》（圖14）。這個三角圖中，點數應《河圖》十位（圖15），冪形應《洛書》九位（圖16），而冪形，在李光地看來，又是算法之原（圖17）。

然而，《河圖》、《洛書》的意義，到此並沒有終結。李光地繼續說，把《河圖》、《洛書》拆開，可表示天地人三象（圖18），所以它們又是「象」法之原（圖19）。

李光地說，凡是有數可計的事物，就有象。而象，又離不開數。所有的象，又起於方圓。測量方圓，用的是三角，所以勾股術是算法之宗。

圓是天象，方是地象，三角形是人象。《洛書》之中，就具備了天地人之象。

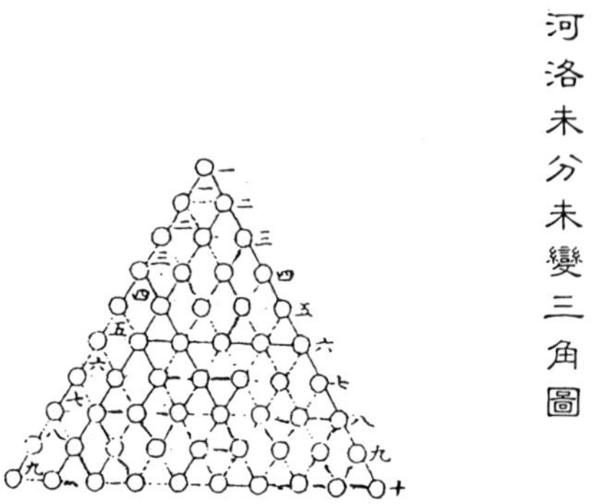
河洛未分未變三角圖

圖14　李光地河洛未分未變三角圖

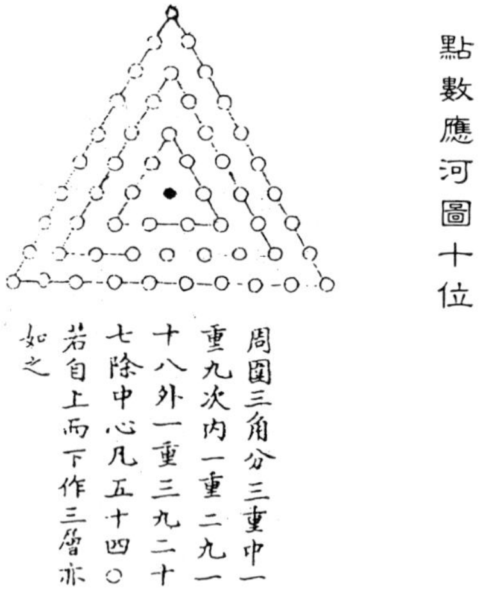
點數應河圖十位
周圍三角分三重中一重九次內一重二九一十八外一重三九二十七除中心凡五十四○若自上而下作三層亦如之

圖15　李光地點數應河圖十位圖

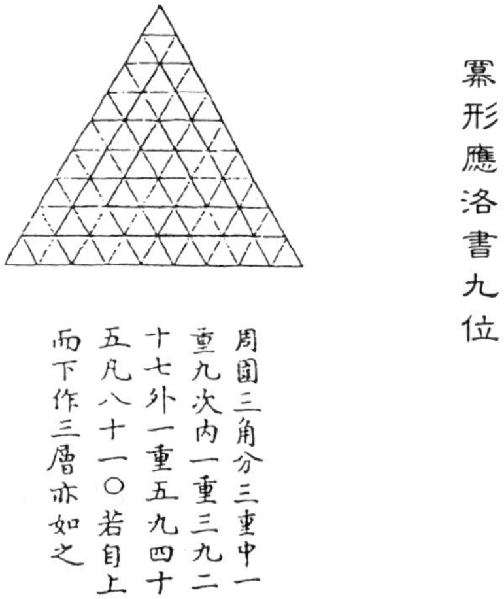
冪形應洛書九位
周圍三角分三重中一重九次內一重三九二十七外一重五九四十五凡八十一〇若自上而下作三層亦如之

圖16　李光地冪形應洛書九位圖

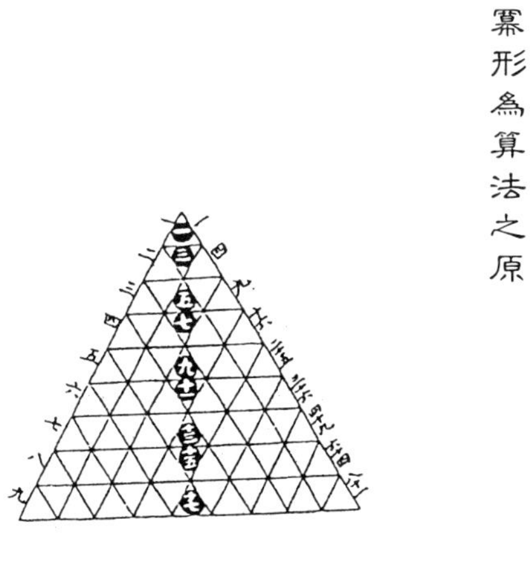
冪形為算法之原

圖17　李光地冪形算法之原圖

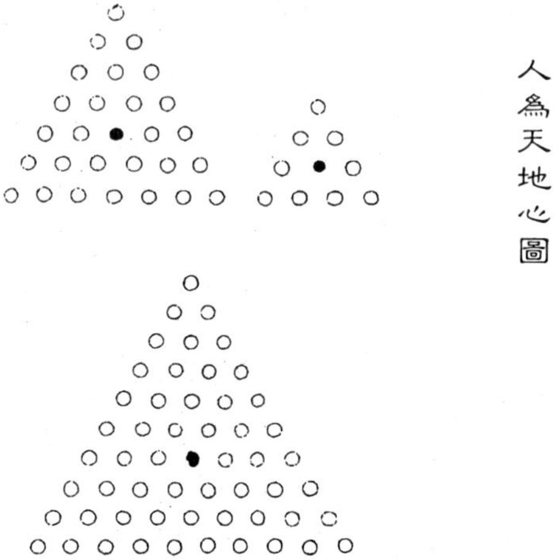

圖18　李光地人爲天地心圖

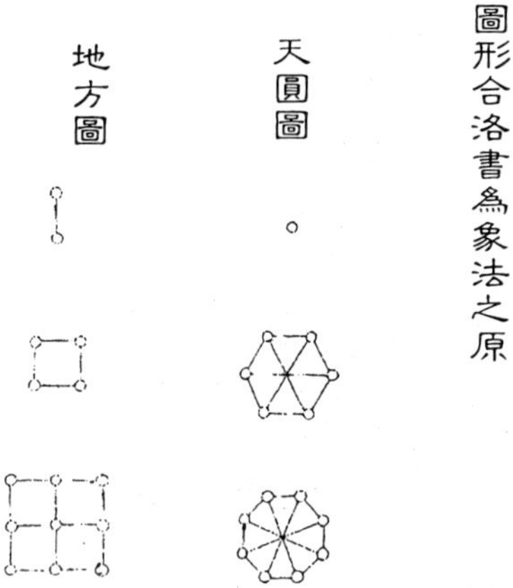

圖19　李光地洛書爲象法之原圖

具備了天地人之象，也就具備了天地人之道：

> 《洛書》之位，一六八居下，為天道之下濟；二四九居上，為地道之上行；三五七居中，為人道之中處。

《繫辭傳》說，《易》彌綸天地人之道。現在，這天地人之道則又包含於《洛書》之中了。《河圖》、《洛書》之中，有天地人之數，又有天地人之象，還有天地人之道，那麼，還有什麼沒有包括進來的呢？

《周易》讓黑白點《河圖》、《洛書》作了自己的源，《周易》也就被包括於《河圖》、《洛書》之中。

《周易》被包於《河圖》、《洛書》之中，《河圖》、《洛書》也就不僅是《周易》的原，不僅屬於《周易》了。它是文字之原，是科學之原。一般來說，它被認為是中國一切文化創造之原。

不過我們要記住，把《河圖》、《洛書》作為中國一切文化創造之原，只是被如此「認為」罷了。

第四章　《周易》與先天圖

《先天圖》出自邵雍。邵雍當時是否已作成了圖？可以討論。但邵雍《皇極經世書》中已有先天卦序的論述，而邵雍死後不久即有成圖流傳，也是事實。說《先天圖》出自邵雍，是不錯的。至於傳自陳摶，來自《周易參同契》，也僅是傳聞和臆測而已，本人在《易圖考》中有詳細辨析，有興趣的讀者可以參看。

據邵雍說，《先天圖》是伏羲所作。其八卦方位，保存於《易傳》之中。《說卦傳》道：

天地定位，山澤通氣，雷風相薄，水火不相射。

邵雍說，這說的就是乾南坤北離東坎西的八卦方位。以此為基礎，邵雍對六十四卦的次序也有了重新安排。

前人已經指出，說伏羲八卦方位見於《說卦傳》「天地定位」云云，不過是托詞。那麼，以伏羲八卦方位為基礎的《先天圖》，與《周易》到底什麼關係呢？

伏羲與文王八卦方位比較

《伏羲八卦方位圖》（圖20）和《文王八卦方位圖》（圖21），最早都是見於朱熹《周易本義》或《易學啟蒙》之首。

文王八卦方位明確見於《說卦傳》：

震，東方也；

巽，東南也；

離也者……南方之卦也。

離之後，依次是坤、兌；坤兌之後，是乾：

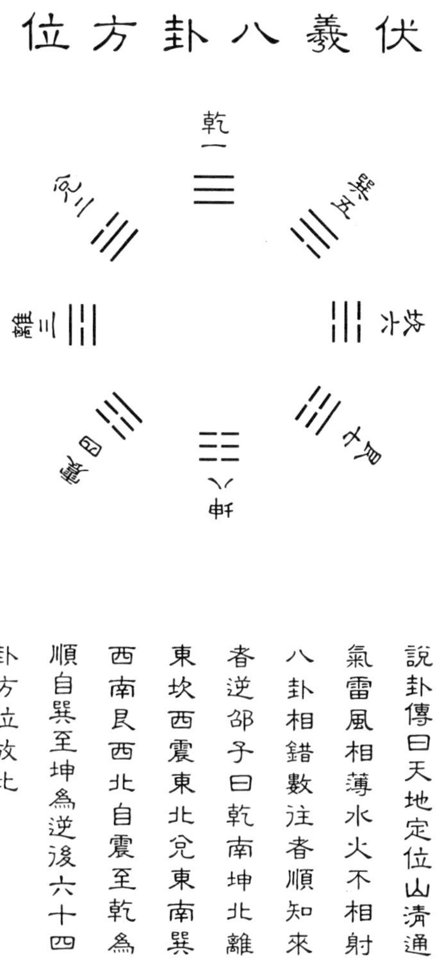
伏羲八卦方位
乾一
兌二
離三
震四
巽五
坎六
艮七
坤八
說卦傳曰天地定位山澤通氣雷風相薄水火不相射八卦相錯數往者順知來者逆邵子曰乾南坤北離東坎西震東北兌東南巽西南艮西北自震至乾為順自巽至坤為逆後六十四卦方位放此

圖20 伏羲八卦方位圖

文王八卦方位

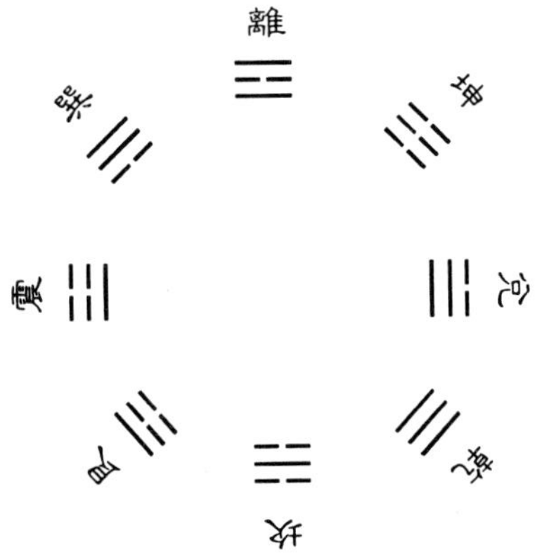

右見說卦邵子曰此文王八卦乃入用之位後天之學也

圖21　文王八卦方位圖

乾，西北之卦也。
坎者……正北方之卦也。
艮，東北之卦也。

依照次序，處於離、乾之間的坤、兌，就應分別是西南和正西之卦。畫成圖，就是下面所畫的文王八卦方位圖。

這樣的八卦方位，從《易傳》形成時起，到北宋初年，一千多年間，無人提出懷疑。劉牧的《易數鈎隱圖》，其中所講的八卦方位，仍是這個被稱為文王方位的安排。

這樣的八卦方位，對於漢代政治還造成了一定的影響。據《漢書・魏相傳》，漢宣帝的宰相魏相，在奏事時援引明堂陰陽說、月令說及《周易》，其中說道，天上五帝，各管自己的方位，而東方之卦不可以治西方，南方之卦不可以治北方，等等。

文王八卦方位為什麼如此安排？唯一合理的解釋就是，這是五行思想的產物。

依五行方位，北方水，南方火，東方木，西方金。依卦象象徵，坎為水，離為火，震為雷，且多象徵草木類。巽雖然也為木，但是基本意義是風，象徵木，也是和風有關。

當然，要一一說明文王方位的卦象安排，是困難的。但是，這個方位受五行思想的影響，因而本質是一種五行方位，則是顯而易見的。

這就是說，後天方位，乃是《易》學家們吸取了五行思想來解釋《周易》的產物。

先天方位最突出的特點，是乾南坤北的安排。邵雍說來自《說卦傳》，雖是托詞，但不能說這樣的安排和《易傳》沒有關係。

《繫辭傳》開頭就說：

天尊地卑，乾坤定矣。卑高以陳，貴賤位矣。

《說卦傳》中八卦取象，乾為天，坤為地，還說「乾坤定位」。那麼，乾坤應定於何位？依天尊地卑，只應定位於天地之位。然而從所謂文王方位看來，怎麼也看不出乾坤居於天地之位的象徵來。

天尊地卑是古代社會極其重要的概念。加強王權，也是唐朝藩鎮割據及唐末五代動亂以後整個社會的普遍願望。思想家們，也企圖通過解《易》，來論證王權的至尊地位。八卦方位，也屬於改造之列。

然而自從漢代以來，《易傳》一直被認為是孔子的作品，作為經的一部分而存在，容不得半點懷疑的。懷疑者則被認為是「非聖」，即誹謗、攻擊聖人。認為聖人說的不對，這是大逆不道的行為，往往要受到嚴厲懲罰。即使在魏晉時期，思想家們敢於提出「越名教而任自然」，「非湯武而薄周孔」，卻無人敢對經典提出懷疑。這種風氣一直延續到北宋中葉。

《文獻通考·選舉考》說，宋真宗景德二年（一〇〇五年），李迪、賈邊參加科舉考試，題目是《論語》的「當仁不讓於師」。賈邊把「師」解釋為「眾」，和《論語》的注疏不同，因此被黜落。李迪僅因韻腳不對，所以經過復審又被錄取。參知政事王旦說，這樣處理的理由是：韻腳不對，僅是疏忽；若拋棄注疏，另立異說，將會使天下士人從此失去統一標準，所以決不能錄取這樣的人。

統一的國家需要統一的思想，經典必須保持神聖和穩定，這是古代政治的需要。在這樣一種情況之下，連注疏也不許懷疑，更何況懷疑聖人之言！

但是，社會總是在發展，時代也總是要提出些新的問題，要思想家們來回答。總有一天，積累起來的問題再也不能靠修補舊說來解決，必須另立新說。

儒家在漢代獲得了獨尊的地位。然而從魏晉開始，就不得不借老莊來補充自己的理論。此後的幾百年間，佛道二教在理論上有了重大發展，儒家理論則處於相對的停滯狀態。作為國家的統治思想，儒家不會甘心處於這種狀態。從唐代末年起，儒家學者就不斷發出振興儒學的呼聲。

振興儒學不僅要另立新說，而且要敢於衝破以往的一些框框。唐末開始，部份儒者開始懷疑《春秋》三傳，認為這三部傳注（《公羊傳》、《穀梁傳》、《左傳》）未能體現《春秋》的精神。他們常常用經（《春秋》）來駁斥傳的錯誤。由於歷史的原因，他們的事業中斷了。並且如前所述，國家政權仍然不許對經傳產生任何懷疑。

但是，賈邊落第後不久，一股疑經的風氣就在北宋學術界蔓延開來。當時一大批著名的學者，都從自己的立場出發，對儒經提出了這樣的疑問，甚至公然否定它的某些部分。其中較為著名者有：孫復懷疑《詩經》、《尚書》的傳注，歐陽修公開指斥《繫辭傳》非孔子所作，蘇軾兄弟懷疑《周禮》的某些內容，等等。

這些著名學者的意見，深刻地影響了年輕一代學者。司馬光著文批評這些新進後生，經還沒讀多少，就對許多傳注發生了懷疑，產生非議。其實司馬光本人也懷疑《孟子》，批評其中的許多說法不合聖人之教。

北宋中葉的疑經運動，比唐末具有更大的規模、更深刻的意義和影響。唐末疑經，僅三兩人；這次疑經，波及整個學術界。唐末疑經，僅及《春秋》三傳，而且均非孔子所作。這次疑經，則幾乎涉及六經的全部，並且公然懷疑被認為是孔子所作的《易傳》，甚至懷疑被認為是周公所作的《周禮》的某些內容。

就在這種大規模疑經的學術氣氛中，出現了邵雍的《先天圖》。

從年齡上說，邵雍少於孫復、歐陽修，而長於蘇氏兄弟和程氏兄弟。正處於疑經的熱潮之中。他的《先天圖》，實際上是否定了《說卦傳》中關於八卦方位的說法，而企圖用一種更能體現「天尊地卑」的方位去代替原來的八卦方位，至少要使原來的方位處於從屬的地位。

所謂疑經，並不是要否定儒經。疑經者的目的，僅在於否定以前的某些傳注或其中的個別部分，而代之以他們認為更能體現經義的傳注，更能體現儒家精神的經文。邵雍創作《先天圖》，正是這樣一種思想狀態。他要維護的，是「天尊地卑」這樣的一種「定位」；否認的，是對卦位的不合理安排。從這個意義上說，邵雍的出發點，就是對《易傳》的一種解釋，不過不是舊的解釋，而是一種新的解釋。

下面我們還可以看出，《先天圖》的製作過程，也當是據《周易》而來。

先天圖的誕生

依據《易傳》「天尊地卑」給乾坤定位，表現於圖象，就是乾南而坤北，乾上而坤下。因為我國古代的習慣，和現在剛好相反。現在作圖，是上北下南，左西右東；古代則上南下北，左東右西。安排完乾坤二卦以後，其他六卦如何安排呢？

這時候，邵雍也只能到經裡面去找根據。

《繫辭傳》說：

易有太極，是生兩儀。兩儀生四象，四象生八卦。

依後來朱熹的理解，這段話就是《先天圖》的根據。邵雍《皇極經世書》也有一段話：

太極既分，兩儀立矣。陽下交於陰，陰上交於陽，四象生矣。陽交於陰，陰交於陽，而生天之四象；剛交於柔，柔交於剛，而生地之四象，於是八卦成矣。八卦相錯，然後萬物生焉。是故一分為二，二分為四，四分為八，八分為十六，十六分為三十二，三十二分為六十四。故曰分陰分陽，迭用柔剛，《易》六位而成章也。

依朱熹的理解，邵雍的話，是對太極生兩儀、四象、八卦的說明和擴張。在《易學啟蒙》中，朱熹具體說明了這個生卦過程。

「易有太極」。朱熹說，太極沒有象數，但已具備象數之理。因此，用「虛中之象」表示。所謂虛中之象，就是一個空心圓。如圖22。

「太極生兩儀」，乃是一陰一陽二爻（依現在的書寫習慣，我們將陽爻畫於左方）：

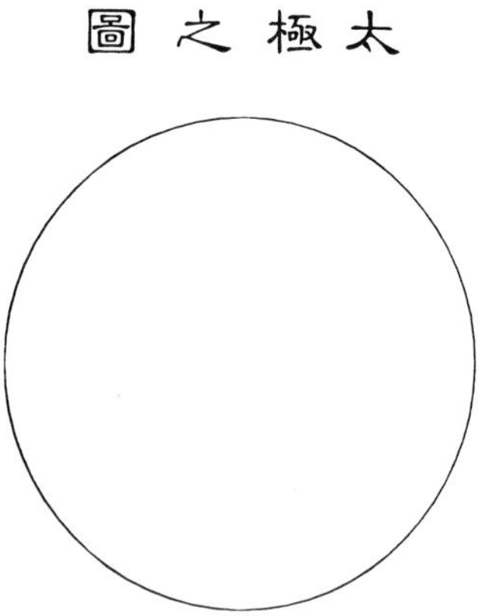

圖22　太極之圖

⚊　⚋

朱熹說，從太極到這陰陽二爻，就是邵雍說的一分為二。如此說來，邵雍「一分為二」就是對「易有太極，是生兩儀」的具體說明。

「兩儀生四象」，依朱熹說，是陰陽二爻之上，再各生一陰一陽：⚍⚌⚏⚎這四象分別叫做少陰、太陽、太陰、少陽。邵雍的「二分為四」，也就是這「兩儀生四象」。

「四象生八卦」，是四象之上，再各生一陰一陽，得：☳☲☱☰☷☶☵☴這也就是邵雍的「四分為八」。至此，八卦已全部形成。

將上面的生卦過程結合起來，則成為一張圖（圖23）。其畫法如下：

此時，如將乾定位於上、南，坤定位於下、北，使乾系依次居左，坤系依次居右，就是伏羲八卦方位圖。就《易傳》來講，說到此就為止了。《易傳》認為六十四封是八卦兩兩相重的結果。不過對朱熹，到此並沒有完結。

邵雍在「四分為八」之下，還有「八分為十六，十六分為三十二，三十二分為六十四」。依朱熹理解，意思是：

八卦每卦之上，再各加一陰爻一陽爻，成十六個四畫卦；十六個四畫卦上，再各生一陰一陽，成三十二個五畫卦；三十二個五畫卦上，再各生一陰一陽，成六十四個六畫卦。至此，六十四卦已全部完成。

朱熹的《易學啟蒙》，於每個過程都附有相應的圖

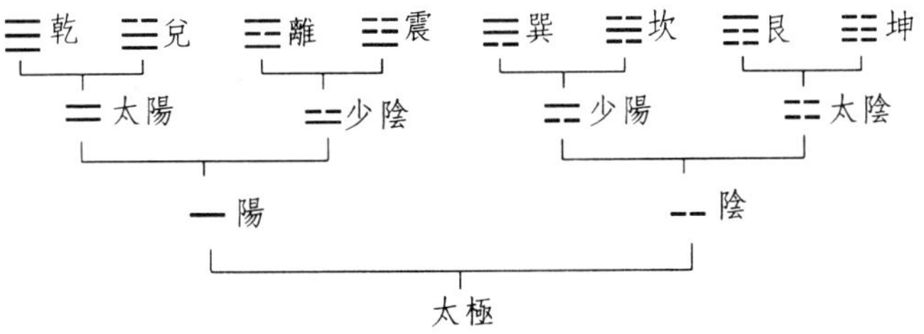

圖23　生卦過程圖

象，此處從略了。

六十四卦完成以後，把乾坤定位，使乾系依次居左，坤系依次居右，就是一幅古籍《先天圓圖》（圖24）。

朱熹說，這個過程還可以繼續下去，畫出七畫卦，八畫卦……，不過，大概是沒有必要了吧。

朱熹認為，這樣的生卦過程，比起說六十四卦是由八卦相錯而成，更加合理，更加合乎自然：

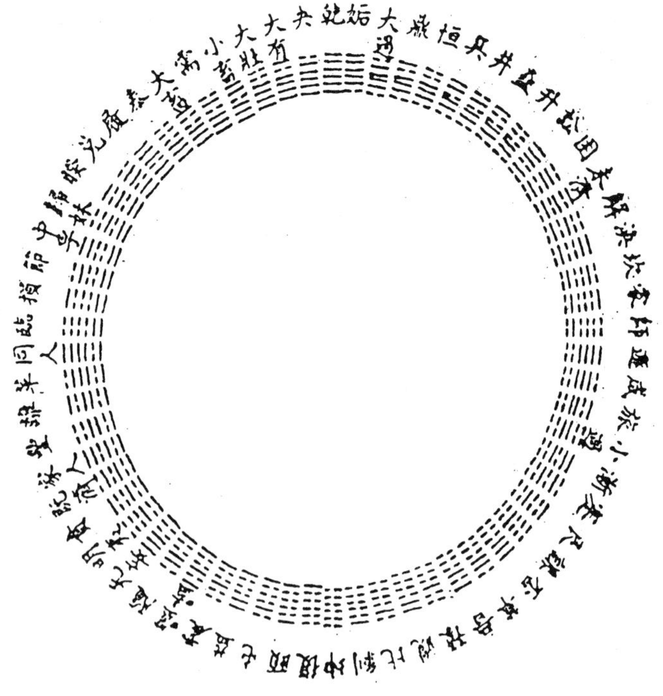

圖24　先天圓圖

太極生兩儀四象八卦，生出次第，位置行列，不待安排，而粲然有序。以至於第四分而為十六，第五分而為三十二，第六分而為六十四，則其因而重之，亦不待用意推排，而與前之三分焉者，未嘗不吻合也。比之併累三陽以為乾，連疊三陰以為坤，然後以意交錯而成六子，又先畫八卦於內，復畫八卦於外，以旋相加而為六十四卦者，其出於天理之自然，與人之造作，蓋不同矣。（《易學啟蒙集說》引朱熹《答袁機仲書》）

依朱熹說，《先天圖》的產生符合《易傳》的太極兩儀四象八卦之說。實際上，這個《先天圖》，也就是對《易傳》中「天尊地卑」、太極兩儀四象八卦之說的注釋和圖解。但在朱熹看來，《先天圖》與太極兩儀四象八卦之說的符合，並不是《先天圖》對《易傳》的圖解，而是對聖人伏羲當時作卦過程的再現。上書所引朱熹《答袁機仲書》道：

若要見到聖人作《易》要原直截分明，不如且看卷首橫圖。自始初只有兩畫時，漸次看起，以至生滿六畫之後，其先後多寡，既有次第，而位置分明，不費辭說。於此看得，方見六十四卦，全是天理自然挨排出來，聖人只是見得分明，便只依本畫出，原不曾用一毫智力添助。

朱熹說的「橫圖」，就是一陰一陽不斷相生的圖。生到八卦，稱小橫圖；到六十四卦，稱大橫圖。把橫圖曲成圓形，就是《先天圓圖》。懂了橫圖，也就懂了圓圖。橫圖再現的是聖人伏羲的畫卦過程，圓圖再現的是伏羲畫卦的結果。朱熹強調，這畫卦過程，不曾用人的智力添助，而且「本不繁智力之助，亦不容智力得以助於其間」。因此，這卦雖是伏羲所畫，實則體現了天地自然之理。但是，這一切，以前沒有人能夠揭示出來。揭示這個過程的，是邵雍的先天之學：

及到卦成以後，逆順縱橫，都成義理，千般萬種，其妙無窮，卻在人看的如何，而各因所見為說。雖若各不相資，而實未嘗相悖也。

蓋自初未有畫時，說到六畫滿處者，邵子所謂先天之學也（同上）。

朱熹還特別指出，從《周易》產生以來，都沒有像邵雍這樣說得齊整的：

自有《易》以來，只有邵子說一個物事如此齊整（《朱子語類》卷一百）。

所謂「一個物事」，乃是指《先天圖》。

但朱熹不能認為《先天圖》就是邵雍的創造，而認為這是伏羲所畫，古代就有的東西。只是在正宗的儒家圈子裡，秘而不傳。反而由方士次第傳授下來，後經陳摶，傳到了邵雍。朱熹以後的學者，不承認《先天圖》是伏羲所畫，卻抓住了朱熹後面的話，大講《先天圖》和方士、和丹術、和陳摶、和道教的關係，是失之偏頗的。因為，在朱熹這裡，談方士，談陳摶，只是把他們作為伏羲和邵雍的中間環節。

在我們看來，說《先天圖》是伏羲所畫，當然不可相信；說《先天圖》邵雍以前就有，是方士所傳云云，同樣不可相信。可以相信的只有一條，這乃是邵雍的作品。

邵雍在論述一分為二之前，說由於陰陽相交，產生了天地各自的四象。天地各自的四象，也就是八卦。八卦相錯，成就萬物。因此，下文的一分為二，當是對這陰陽相交，八卦相錯的解釋。但從朱熹的說明中，我們看到的卻只是陰陽相生，看不到陰陽相交和八卦相錯。所以朱熹的解釋是否符合邵雍原意，值得懷疑。

不過，朱熹的說明，還是給《先天圖》的成因提供了一種解釋，而且從目前看來，還是一種較為合理的解釋。

依朱熹的解釋，八經卦的產生，開始於陰陽二爻。陰陽二爻繼續發展，產生了四個二爻一組的卦；二爻卦再發展，就是三爻一組的卦，也就是八卦。如果仔細推想，這樣的邏輯推演，很可能反映了歷史的實際。

我們不相信什麼「天之所命」、代天立言的聖人，卻不否認自古就有才能傑出的人物。卦象的產生及其發展，與這些傑出人物的思想勞作是分不開的。八卦的產生，或許有兩種可能。一種是某位天才人物一開始就畫出了完整的八卦，為大家所應用；二是人們先畫了兩個爻象或類似爻象的符號。由於占卜實際的需要，符號需要增加，於是就用這兩個不同的符號，兩個一組，組成了四種符號。此後，又於每一組上再添加一個，成為三個一組的八種符號。比較起來，哪一種情況更加合乎歷史實際呢？我們認為可能是第二種，而不是第一種。

由三畫卦向六畫卦演進，也同樣有兩種可能。一種是如傳統所說，兩兩相重，成為六十四卦；一種如朱熹的解釋，先生出四畫卦，再五畫卦，由於不好用，廢棄了。二者相比，我們仍然認為後者的可能性要大一些，至少，二者有同等程度的可能性。

朱熹《易》學出世以後，由於居思想的統治地位，到明朝末年，敢於非議者寥寥無幾。但是清代學者，不少人對朱熹的說法卻不以為然。他們用縝密而精到的考據證明，四畫卦、五畫卦是沒有的。六畫卦是八卦相重的結果。二畫卦，也是沒有的事。

近年，由於《周易》甲骨出土，人們發現，那甲骨上所刻六個一組的數字，很可能就是當時的卦象。而這些甲骨的時代，大約在商末。那麼，六畫卦在商代就已經出現了。有人據此認為，卦象產生時就是六個一組，三畫卦可能是六畫卦分割的結果，六畫卦則不是三畫卦相重的結果。因為從古到今的《周易》中《易經》部分，並沒有畫出三畫卦。

這些說法都各有自己的道理，也都各有自己的根據。然而要否定朱熹的解釋，也還都根據不足。因為清代學者的根據，是經，是漢以來的傳統解釋。雖然漢代去古未遠，所說的較合實際，但也未必都是如此。

最近發現了甲骨上有六畫卦的前身，卻沒有理由說此前就沒有三畫。考據依靠考古和文獻是對的，然而思想的演進有許多是不能從地下發掘出來，也未形之於文獻的。因此，爻象據何而作？八卦據何而畫？其產生過程如何？將是永遠難有定論的問題；八卦向六十四卦的演進，或者說六十四卦的產生，也並不就是個定論已成，無庸置喙的問題。

朱熹的解釋，今天雖已不必奉為圭臬，但仍不失為一家之言，不失為一種解釋。而且，我們的意見是，不僅是對邵雍一分為二說的一種解釋，也還是對卦象形成史的一種較為合理的解釋。

然而無論如何，有一點是清楚的，《先天圖》的產生，乃是邵雍據《易傳》「天地定位」、「天尊地卑」、太極兩儀四象八卦之說，對成卦過程的一種解釋。簡而言之，可說是對《易傳》的圖解。

先天圖在易學中的地位

據說南宋初年，張行成於「蜀中估籍吏人之家，得邵子所傳十四圖」（《四庫提要・易通變》），著《易通變》。與《易通變》同時，張還著有《皇極經世索隱》等六部著作，通稱「易說七種」。其主要內容，是闡發邵雍的皇極經世體系。《皇極經世索隱》的序言說：

先天者，伏羲之易也。……《經世》者，康節之易，先天之嗣也。

依張行成說，《先天圖》就是《周易》的源頭。《皇極經世書》，乃是先天易學的後繼者。而《先天圖》，實是《皇極經世書》的一部分，《皇極經世書》也因此成為易學的一部分。

張行成在《易通變》序言中又說，伏羲據《河圖》、《洛書》畫了《先天圖》，「傳天之意」。而邵雍，又推演闡明伏羲聖人的意思。這些意思，都寓於十四圖之中。十四圖之首，就是《先天圖》，張行成稱為《有極圖》。因此，對於張行成說來，《先天圖》乃是《周易》，自然也是後世所有《易》的基礎。

據《四庫全書》本，張行成《易通變》中的《先天圖》是呈八角形，八條邊，每邊八卦，張行成對於《先天圖》說道：

《繫辭傳》曰：「易有太極。」太極包含萬象，以為有而未見，以為無而固存。是故大衍五十之虛一，即四十九蓍之合一也。圖名《先天》，而一百二十八卦，七百六十八爻咸備者，天地之象，已具乎渾淪之中，太極之全體也。故命曰《有極圖》，以推明先天之義。

這就是說，《先天圖》，也就是《太（有）極圖》，「有極」，就是太極。其中包含了太極、兩儀……的全體，整個天地之象。張行成還承認：「先天為易之體，後天為易之用。」那麼，《先天圖》也就成了《易》的本來面目，《易》本身。

朱熹把《先天圖》置於《周易本義》卷首，可說是繼承了張行成的意見。然而，張行成的意見還僅是一家之言，朱熹的意見就被認為是普遍真理。如果說伏羲是「傳天之意」，那麼，朱熹對《先天圖》的推崇和說明，也是在傳天之意。天意不是私意，所以是普遍真理。

朱熹的意見統治了數百年之久，其間雖有一些人提出一些疑義，但影響不大，也不能形成一種社會思潮。明清之際，反對《先天圖》的呼聲日漸高漲，其宗旨歸結為一點，就是要把《先天圖》逐出《易》學殿堂。

明末清初，王夫之著《周易外傳》之後，又著《周易內傳》。《周易外傳》是王夫之對《周易》精神高度自由地發揮，《周易內傳》則是王夫之對《周易》卦爻辭的忠實注解。

在《周易內傳》卷首，王夫之一反慣例，刪去了邵雍的《先天圖》。在《周易內傳發例》中，王夫之說明了自己這樣作的理由。

王夫之認為，《繫辭傳》說，「周流六虛」，「不可為典要」，但《先天圖》使《易》成為一種「典要」。所以王夫之斷定，這是術數家的東西，是道教的東西，而絕不是伏羲所作。王夫之說，學《易》的人們，學聖人之言還來不及，哪有工夫學這來自道教的東西呢？對於朱熹把《先天圖》放在《周易》卷首，他表示不能理解。他自己，則不讓《先天圖》來擾亂聖人之言。

與王夫之差不多同時，黃宗羲作《易學象數論》。其中說道，《先天圖》產生於宋代，不過是為了附會卦氣之說。漢代的卦氣之說，從中孚卦開始，變亂了《序卦傳》中所說的卦序。邵雍不過改為從復卦開始，從變亂卦序這一點來說，邵雍和漢儒沒有什麼差別。

黃宗羲認為，卦的排列次序，只有《序卦傳》可以作為依據。但《序卦傳》的卦序，與卦氣說是難以相通的。邵雍和漢儒都違背《序卦傳》，其牽強附會是不可避免的。

黃宗羲的弟弟黃宗炎作《圖學辨惑》，進一步指出，《先天圖》出於道教，混雜於《易》學之中，腐朽的儒生們崇奉得了不得。他們隱瞞了《先天圖》來自道教的歷史淵源，只說它是《易》的基礎，這實在是一種危險的言論。

黃宗炎說，上古時代，哪裡有圖！只是文字不夠完備，所以畫為一奇一偶。陳摶不認識這上古的文字，誤認為那是什麼圖。文王、周公，孔子的功勞，正在於把這一般人難以解讀的古文字，用卦爻辭，用《易傳》，明明白白說出來。現在，陳摶、邵雍卻讓我們丟開《周易》中的聖人之言，重新去解讀這古文字，回到蒙昧時代，這好比讓我們重新去茹毛飲血。黃宗炎堅決認為，《先天圖》乃是從人家引來的螟蛉子，絕不是《周易》的高曾祖，絕不應放在《周易》卷首。

毛奇齡《仲氏易》指出，老少陰陽，是揲蓍中所用的概念，與畫卦是兩碼事。因為在占卦時，老陽、老陰爻變；少陽、少陰爻不變，所以才有了這種說法。假若伏羲畫卦，畫到二畫時，還不知它將來要成為什麼卦，就說它是什麼老陽、老陰之類，有什麼根據呢?這是沒有道理的。

毛奇齡指出《先天圖》八大缺點。比如畫卦過程繁瑣，四畫、五畫之卦沒有名稱，畫卦過程中，子女卦和父母卦同時產生，甚至先於父母卦，違背《周易》本義；卦的方位違背《說卦》之說等等。

胡渭《易圖明辨》認為，毛奇齡的八條，對《先天圖》的缺點講得詳盡無遺。這些卦序的來由，是無可查考的。把它放在《周易》卷首，只能暴露邵雍的過錯。

從王夫之到胡渭，他們指出《先天圖》出於宋代，不是伏羲所作，是完全正確的。他們要求把《先天圖》逐出《易》學，其理由是《先天圖》不合《周易》本義。他們的立場，是一種尊經、衛道的立場。

明末清初對《先天圖》的批評，效果之一，是使一些《易》學著作不再把《先天圖》等附於卷首，因為那不是伏羲所畫。這些解《易》的書，也不解《先天圖》之類，對圖採取了極端輕蔑的不理採態度，效果之二，是在編輯《四庫全書》時，將《皇極經世書》逐出「易類」，而歸入術數一類。

《四庫提要》於《皇極經世書》一條說道：

其書以元經會，以會經運，以運經世。起於帝堯甲辰，至後周顯德六年己未，而興亡治亂之跡，皆以卦象推之……

依張行成說，先天之學，是皇極經世的基礎。這裡的「以卦象推之」，也就是以《先天圖》中卦象的次序推之。若認為《先天圖》是《易》之體，則以《先天圖》為基礎的《皇極經世書》就是《易》學著作，應歸入《易》類。《四庫全書》不把《皇極經世書》歸入《易》類，也就表明，他們不僅不把《先天圖》視為《易》的基礎，也不認為《先天圖》是《易》學的必要組成部分。至於他們歸入《易》類的不少著作都有《先天圖》，那是不得已的事情，他們不能因為

《易》學著作講了《先天圖》，就把這些著作全部逐出《易》學之外。

《四庫提要》說《皇極經世書》是「易外別傳」。也就是說，他們還承認《先天圖》和《皇極經世書》是解《易》之作，不過不是解《易》的正宗而已。

至於今日，我們應當明確，《先天圖》是宋代邵雍的解《易》之作。我們可以贊成他的解釋，也可以不贊成他的解釋，但不能把《先天圖》和《周易》混為一談，更不可認為《先天圖》就是伏羲時代的東西。不然的話，將會造成極大的思想混亂。

第五章 《周易》與太極圖

今天的人們，幾乎都知道《太極圖》。不過人們很少知道，《太極圖》不就是那《陰陽魚圖》，而《陰陽魚圖》原來也不就是《太極圖》。至於《陰陽魚圖》的由來和意義，它與《周易》的關係如何？就更少有人知道了。

古代的《太極圖》有幾種？來自何處？意義何在？拙著《話說太極圖》、《易圖考》已作了辨析。本章所述，主要是《太極圖》和《周易》的關係。

古代所說的《太極圖》，首先和主要的，是指周敦頤作的《太極圖》，稱《周氏太極圖》，我們就先從《周氏太極圖》說起。

北宋時代的太極圖及其意義

我們在第三章第四節介紹劉牧的《河圖》、《洛書》時，曾介紹了劉牧《易數鉤隱圖》中第一幅圖，劉牧命名為「太極」。那麼，這就是至今可見的最早的《太極圖》。

劉牧解釋說，「太極無數與象」，因而是不可畫成圖的。所以他用了「二儀之氣混而為一」來畫，其用意，是在表明「太極所從而生」，如圖25。

劉牧真是用心良苦，太極是無法畫的，只能畫出它生出的東西來表明它的存在。這好比畫出眾子女的肖像，讓人們推想他們父母的模樣，甚至是只讓人們推想他們父母的存在。但劉牧還是畫了如圖所示的太極圖。它很像一串顆粒稀少的珍珠手鏈。

太極無形、無象、無數，後來的《太

太極第一

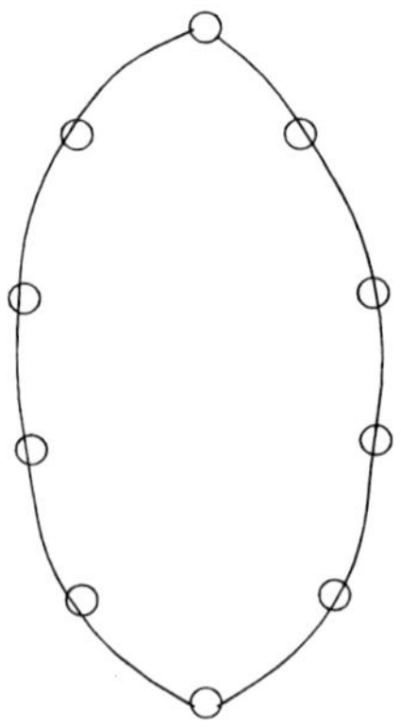

圖25　劉牧太極圖

極圖》，許多就只是一個空心圓了。

從劉牧的說明可以得知，《太極圖》乃是對《易傳》中「易有太極」的圖解。這也是後來一切《太極圖》的共同特點。

據楊甲《六經圖》所載，北宋時還有一幅圖，《六經圖》只標明「舊有此圖」，並未標出圖的名字。後來許多著作轉載時，往往也稱之為《太極圖》，其圖形如圖26。

北宋時代，最著名的《太極圖》就是周敦頤的《太極圖》，或稱《周氏太極圖》。由於版本不

圖 26　易有太極圖

同，《周氏太極圖》出世不久就出現了不同的畫法。南宋朱熹對這些版本進行了校訂，並且也訂正了《周氏太極圖》的樣式。即或如此，後世所畫的《周氏太極圖》也不能完全一致，圖27展示的是《宋元學案》本所載的《周氏太極圖》。

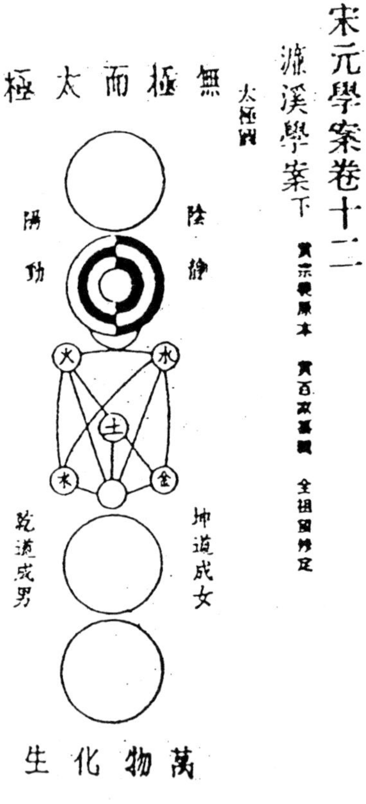

圖27　周氏太極圖

從南宋初年開始，就流傳著一種說法，說《周氏太極圖》不是周敦頤所作，而是出自他人。有人說是出自陳摶，有人說出自尚壽涯等，後世還從《道藏》中發現了來自道教的「證據」等等。拙作《易圖考》已考明，這些說法都不正確，圖的作者，應是周敦頤自己。

據周敦頤對圖的解說，以及這圖的形成，則《周氏太極圖》所表達的，乃是宇宙演化、天地萬物生成問題。這個生成的過程是：

從無極產生了太極，也就是從無產生了有。太極由於動靜而分化，產生了陰和陽。陰陽就是兩儀。由陰陽，產生了五行。陰陽五行之氣，由乾道而生男；由坤道而生女。男女交感，產生了萬物。

由此看來，《周氏太極圖》的宗旨，也是要圖解《易傳》「易有太極，是生兩儀……」的內容。不過嚴格說來，《周氏太極圖》不能叫作《太極圖》，而應叫作「太極演化圖」或「太極生成圖」等等，因為它表示的是太極到萬物的演化生成過程。只有這圖的最上一圈，表示的才是太極，此下則依次是兩儀、五行等等。

這是對太極、兩儀……過程的圖解，但又不是忠實而純粹的《易傳》圖解。

它去掉了四象、八卦不講，卻添上了五行，並由五行直接過渡到男女萬物。

相比之下，載於《六經圖》的由幾個圓環套成的圖（稱《易有太極圖》）則比較忠實於《周易》本身，它的中心，是一個表示太極的空心圓。第二個圓環，表示太極分兩儀。在圖作者看來，兩儀是清濁剖分，形成天地，而不僅是一陰一陽而已。兩儀之後是四象。四象是金木水火。這也是傳統的說法之一。最外一環是八卦，其八卦的方位，仍是所謂後天方位。這樣，太極、兩儀、四象、八卦就齊備了。《易傳》的文字，變成了一目了然的圖象。

《周氏太極圖》去掉四象、八卦，而代之以五行。五行之下，「乾道生男，坤道生女」，「萬物化生」等，也是《易傳》的文字，因此，如果從更大的範圍觀察問題，則《周氏太極圖》仍是對《易傳》的忠實圖解。

不過，周敦頤的《太極圖說》稱，周並不以圖解到「萬物化生」為止。在「萬物化生」之下，他探討了人和物的區別，說人得陰陽五行之秀氣，所以最靈慧。人的本性，就從這陰陽五行之氣而來，由於感應外物，分出了善惡。聖人建立了仁義中正作為道德修養的標準。依照這個標準去作，就吉；違背這個標準，就凶。周敦頤認為，這些就是《周易》的核心要義。

從周敦頤的自我表白看來，他是自覺地把自己的《太極圖》作為《易》的注解，並且沒有假托他人。和其他《易》圖不同的是，《周氏太極圖》不是對《周易》某個命題的圖解，而是對《周易》基本精神的圖解。它不僅圖解太極、兩儀到萬物化生，而且還企圖表現人性善惡、人世間的仁義中正之道等等。雖然《易傳》說，《易》彌綸天地之道，似乎已包括了一切。

但《周氏太極圖》及其圖說，還是大大超出了《周易》本身的內容。這些超出《周易》的內容，除了前面提到的五行以外，還有「無極太極」說，「聖人主靜」說等等。《太極圖說》道：

聖人定之以中正仁義而主靜（無欲故靜）。

這樣的內容，是《周易》所沒有的。

《周易》本是占卜書。其目的是告訴人們吉凶。《易傳》的論述，雖然大大充實和豐富了占卜所要求的內容，但無法完全突破占卜所提出的要求。占卜所要求的是：（前途）怎樣？為了說明前途為什麼是這樣而不是那樣，需要對世界、對人生作出一些說明。說明世界是什麼樣的，並以此來回答占卜的結果，為什麼是這樣的，而不是那樣的。《易傳》可說大體上還是這個思路。它講了許多道理，其目的主要是「知來」，而不是告訴人們怎麼做。《太極圖說》也講「知來」，但主要在於告訴人們怎麼做。它告訴人們，依中正仁義之道去做，就吉；反之，就凶。其目的不是要告訴你未來的吉凶，而是要告訴你：應按中正仁義之道去做。

按中正仁義之道去做，要以靜為「主」。主靜之說，是《易傳》所沒有的。因為《易傳》的目的，主要也是在於告訴你世界是什麼樣的，將來會怎麼樣，而不是告訴你怎麼做。雖然《易傳》講了「立人之道曰仁與義」，就是告訴人們應按仁義行事，但它實際上仍像「立天之道曰陰與陽」一樣，讓你知道世界是什麼，而不在於要求你怎麼做，更沒講到「主靜」的原則。「主靜」原則也不是對《周易》的闡釋，而是對《周易》內容的擴展和發揮。

主靜以外，就是「無極太極」說。主靜原則雖然也來自《周易》之外，但當時還未引起很多的爭議，因為這是當時都能接受的原則。引起爭議的，是這「無極太極」說。反對此說的陸九淵兄弟認為，無極太極說不是《周易》的內容。因為《周易》只講了太極，沒講無極。陸九淵兄弟認為，無極就是無，它來自《老子》的無中生有，因此是異端邪說，不是《周易》正宗。

朱熹為此事與陸九淵兄弟展開了激烈的爭論。朱熹說，「無極太極」說不是無中生有論，而是說，太極是無形無象的。無極的意思，僅是無形而已，並且僅是對太極的描述。

《周氏太極圖》出世以後，最推崇它的是朱熹。在幾十年的時間裡，朱熹辛辛苦苦地搜集各種版本，對它進行校訂、注釋，並且把周敦頤作為宋代理學的開創者。把《周氏太極圖》及其圖說作為理學的開山之作。

依陸九淵兄弟的說法，《周氏太極圖》混入了異端邪說，因而就不再是對《周易》的注釋，當然不宜列入《易》學。此圖也不宜放入《周易》之中。朱熹雖然十分推崇《周氏太極圖》，也未把該圖作為《易》圖和河洛、先天一起，放在《周易》卷首，而僅僅使它作為一個獨立的單行本，流行於世。這或許是純技術的原因，比如《周氏太極圖》及其圖說篇幅較大，加上注釋就更長，不宜附書。但更要緊的當是內容上的。在朱熹看來，它應是一部獨立的著作，不僅僅是對《周易》的闡釋和圖解。

不論原因如何，朱熹沒有把《周氏太極圖》作為《易》圖之一，和其他九圖一起置於《周易》卷首。朱熹之後，由於朱熹的安排都成了真理，也就更沒人作這樣的事，也無人敢把《周氏太極圖》放在《周易》卷首，而僅僅把它當作一部獨立的著作，進行閱讀和研究。長此以往，《周氏太極圖》和《周易》的關係就日益疏遠了。甚至許多研究者，也僅僅注意這圖所象徵的道理，而忽略了它本是解《易》之作。

如果說任何解注都不可避免地帶有注疏者從別處帶來的新思想，那麼在《易》注這個領域，其表現就更加明顯。人們從社會思想的各個領域獲得了新的思想，然後把它加入《易》注之中，並且說，這就是《周易》的本義。《周氏太極圖》，就把五行說、無極太極說、主靜說引入了《周易》，並且認為這些正是《周易》的核心要義。那麼，無極太極說、主靜說，到底來自何處？它們與《周易》又是什麼關係呢？

陸九淵堅決認為，無極太極說源於《老子》，因為《老子》書中有「無極」一詞，「無中生有」也是《老子》的基本命題。實際上，情形遠非如此簡單。否則的話，《周氏太極圖》早就被逐出儒門，朱熹的辯解也不會使人相信。《周氏太極圖》之所以未被逐出儒門，乃是由於它表達了中國傳統中一種普遍的意識，一種並非僅僅屬於道教的意識。

周氏太極圖的天體演化論

《周氏太極圖》中的天體演化論，可追溯到漢代，甚至可追溯到更古的時代。這是從那時起，幾乎所有的思想家都普遍關心的問題。

在春秋戰國時代以前，大約人們還沒有條件去討論天地起源問題。在春秋戰國時代，《老子》講道，「有物混成，先天地生。」這話表明，老子認為天地有個生成的問題，而生成問題也就是個開始的問題。老子認為，天地開始以前，有個「物」存在著。這個「物」就是道。《老子》還說：「道生一，一生二，二生三，三生萬物。」道存在於天地之先，從道之中，逐漸產生了萬物。以理而推，則天地也當是道生的。這裡應是一種天地演化理論，不過《老子》講得很不明確。至於道如何生出天地？就更不得而知了。

此外，《老子》還講過一個命題：「天下萬物生於有，有生於無。」那麼，天地自然是有，並且也當是個物。以理而推，天地也當從無中產生，不過《老子》一書也講得不明確，而且當時也未有更多的人參與這一討論。

老子以後，對天體起源的討論逐漸增多起來。莊子接著老子，對天體結構及許多自然現象的成因提出了問題。莊子說，天的運行，地的靜止，日月的出沒，「孰主張是？孰綱維是？孰居無事推而行是」（《莊子・天運》）。還有天為何不墜，地為何不陷，風雷雲雨的成因等等。而在《莊子・齊物論》中，則提出了當時關於有始無始的爭論：

有始也者，有未始有始也者，有未始有夫未始有始也者。

也就是說，有主張有始的，有主張無始的，還有主張無所謂有始無始的。在有無問題上也是如此。有主張有的，有主張無的，也有主張無所謂有無的。

至於莊子，則對這一切採取了不置可否的態度。在他看來，這種爭論，和其他一切爭論一樣，都是天風吹籟。風起而鳴，風停即止，無所謂是非，也無所謂曲直，最好是不睬他們。

從《莊子》書中可以看出，當時的人們已爭論起有始、無始的問題。這個有始、無始的問題，當主要是指天地有始無始，至少是包含了天地有始無始的問題的。而莊子，不認為有始，也不認為無始，也不認為無所謂有始無始。他不主張有也不主張無，也不主張無所謂有無。他認為這些問題弄不清楚，不如什麼都不主張為好。

莊子的主張表明，道家陣營之中，也並不都主張無中生有。莊子推崇老子，卻並不推崇無中生有的命題。莊子是個處處否定的哲學家，他不肯定一切帶有肯定性的命題。

莊子以後，荀子是主張「有始」的思想家。荀子說：「物類之起，必有所始」（《荀子·勸學》）。推到天地，也當有始。《呂氏春秋》就得出了這樣的結論：

天地有始（《呂氏春秋·有始覽》）。

但屈原對天地起源說發生了懷疑。他在《天問》中問道：那遠古最初的情形，是誰傳下來的？天地沒有形成，如何能進行考察？晝夜不分一片昏暗，誰能追到它的始點？混混沌沌沒有形狀，如何能認識和進行分別？

大約屈原當時，已經認為天地開始於一片混沌狀態。屈原不大相信這種說法，提出了疑問。然而屈原的疑問卻向我們表明，當時已有略具形態的天地生成論。這種天地生成論認為：一、天地有個開始；二、天地始於一片混沌昏暗狀態。

漢代初年，一個較為完備的天地生成論形成了，它載於《淮南子‧天文訓》：

> 天地未形，馮馮翼翼，洞洞灟灟，故曰太昭。道始於虛廓，虛廓生宇宙，宇宙生氣。氣有涯垠。清陽者薄靡而為天，重濁者凝滯而為地。清妙之合專易，重濁之凝竭難，故天先成而地後定。

《淮南子》中的這一段話，是一個最早的完備的天地生成論。它描寫天地生成的過程如下：虛廓→宇宙→氣→天地。

太昭是否包含了虛廓至氣這三個「天地未形」的階段？道在這個過程中起什麼作用？「道始於虛廓」的意思是不是從虛廓中產生了道？《淮南子》沒有說明。然而有一點我們明白，氣，是構成天地的質料。而這個質料，原來是沒有的，它是一系列演化過程的產物。如果把氣視為有，則這個過程，就是一個無中生有的過程。

《淮南子》為什麼要把天地生成說成是一個無中生有的過程？是不是受了老子哲學的影響？如果把這裡的「無中生有」說歸於老子影響，是一種最簡便的方法，卻未必是可靠的辦法。雖然《淮南子》非常推崇老子，它甚至專闢一章講述老子哲學的偉大，但我們卻不能把《淮南子》在天地生成論上的「無中生有」論歸源於老子。因為我們前面已經分析過，莊子也非常推崇老子，卻並不接受無中生有論。

由此看來，推崇誰，並不一定就接受誰的全部主張。因為推崇者不可能推崇被推崇者的一切。推崇什麼，不推崇什麼，接受什麼，不接受什麼，不決定於被推崇者有什麼，而決定於推崇者自己要推崇什麼，決定於當時的情勢和需要。

就《淮南子》來說，從天地生成論中作出「無中生有」的結論，乃是理論自身演進的必然結果。如果承認天地有個開始，那麼這個開始就還應有個開始，而那「還應有個開始」的東西，也還應有個開始。如此一步一步推上去，必然要到達這一步。在這一步上，是個無。

《淮南子》從天地追到氣，氣應還有個開始；氣的開始是宇宙。宇宙也還應有一個開始，宇宙開始於虛廓。宇宙可說是時空，虛廓則是個無。到了無，也就到了頭。如果從無還要往上推，那就是故弄玄虛了。

由此我們可以結論如下：《淮南子》的天地生成論，主張無中生有，是理論演進的必然結果，而不是受了老子「無中生有」說的影響。

《淮南子》以後，漢代的儒者，都以各自不同的形式，把天地生成歸結為一個無中生有的過程。《易緯·乾鑿度》說，有太易，有太初，有太始，有太素。太易還未見氣；太初，是氣的開始；太始是形的開始；太素，是質的開始。依《易緯·乾鑿度》，則天地形成以前，經歷了以下幾個階段：

(1)未見氣階段（太易）；
(2)氣開始階段（太初）；
(3)有形階段（太始）；

(4)有質階段（太素）；

其中未見氣階段，就是個無形的階段。從氣開始，以後就有了形質，這是一個與《淮南子》稍微不同的無中生有論。

《乾鑿度》的說法被採入欽定的《白虎通》，成為天地生成論的正統說法：

始起之天，先有太初，後有太始，形兆既成，名曰太素。混沌相連，視之不見，聽之不聞，然後剖判。清濁既分，精出曜布……（《白虎通・天地》）。

《白虎通》顯然是採納了《乾鑿度》的說法，不過它僅從天講起。若往上追問：這「始起之天」起於何處？就不得不歸結於無。

著名科學家張衡講天地生成論，也脫不了這樣一種框架。張衡說，太素以前，幽暗清靜，寂寞而沉默，沒有形象，其中是虛，其外是無。這虛無的狀態繼續了很久，才建立了道的根。道根建立以後，從無生有。這時太素萌發，但還未形，只是渾淪一片。

把太素看成渾淪狀態，顯然是從《乾鑿度》、《白虎通》而來。

在講到太素的時候，張衡才援引《道誌》（即《老子》）說：「有物混成，先天地生」。不過張衡援引它，只是說明道在天地之先。而依張衡的說法，道，也是從虛無中產生的。然而張衡卻沒有因此援引《老子》。因為「無中生有」，乃是這個理論本身的產物。

而太素之後，是道干的建立，清濁的剖判，這些說法，和《淮南子》也都相差不遠。

這樣一種天地生成論流行不久，人們就把它和《周易》的太極兩儀之說聯繫起來。《河圖・括地象》說：

> 易有太極，是生兩儀。兩儀未分，其氣混沌。清濁既分，仰者為天，偃者為地。

這裡顯然是把太極兩儀之說作為天地生成的過程。《洛書・靈准聽》說：

太極具理氣之原。兩儀交媾，而生四象；陰陽位別，而定天地。其氣清者，乃上浮為天；其氣濁者，乃下凝為地。

周敦頤把太極兩儀之說作為天地化生過程，乃是儒家的一貫傳統。而《周氏太極圖》，則是把漢代儒者已經形諸文字的事，進一步形諸圖像。在形諸圖像時，周敦頤對於傳統說法有所取，也有所捨，這決定於周敦頤自己對世界圖像的理解。而周敦頤，也像一些漢代儒者或天文學家一樣，貫徹了理論的徹底性，在太極前頭，又加了一個無極。

小結：周敦頤之前，無中生有，元剖判的宇宙演化論已是傳統的，被普遍接受的理論。周敦頤也接受了這種理論，並用以圖解《易傳》的太極兩儀之說，作成了《太極圖》。

周氏太極圖的主靜說

周敦頤的「主靜」說，沒有形於圖象，但載於《太極圖說》，在周敦頤看來，「主靜」說也是《太極圖》的內容之一。然而，《太極圖》是對《周易》的圖解，「主靜」說卻是《周易》中沒有的內容，無論是《易經》還是《易傳》，都沒有提出這一修養原則。提出這一修養原則的，首先是老子。

《老子》書中，有許多關於靜的論述。「歸根曰靜」，「靜為躁君」，「不欲以靜」，「清靜為天下正」等等。他甚至要求人們要「致虛極，守靜篤」。「守靜篤」若譯成現代漢語，當是堅持而不動搖地保持安靜、寧靜。《老子》第五章還說：「虛而不屈，動而愈出。多言數窮，不如守中」。「守中」與「多言」、「動」相對，不過也是守靜的另一種說法。後來司馬遷把老子思想的要點歸為「清靜自正，無為自化」，可說是抓住了要點。

老子主張守靜，不僅是個人修養的原則，也是治國的根本原則。他希望統治者能遵照守靜的原則，使天下自然歸於正道。

老子守靜的原則，後來在道教中得到了越來越深入地貫徹。守靜，成為得道成仙的主要手段。唐代道士還假托太上老君，造了一部《常清靜經》。其中說道：「人能常清靜，天地悉皆歸」，「如此清靜，漸入真道」。

宋代蘇東坡的弟弟蘇轍，對《常清靜經》備加稱讚，認為它可以和佛教的

《般若心經》比類。宋金元時期，道教北宗全真教，不主張多讀經書。在他們認為必讀的幾部經書之中，就有《常清靜經》。這種情況說明，道教已把清靜作為修道的基本原則。

但是，什麼叫清靜？怎樣才能保持清靜？最初的理解，主要是不作官，隱居起來，甚至隱居到山野湖海之中偏僻無人的地方。眼不見，心不亂，心裡自然清靜。隱居起來，無事可幹，終日打坐，是清靜在日常修持中的表現。

後來有人對這樣的清靜觀提出了疑問，認為遠離塵世的清靜還不是真正的清靜。眼不見，心不亂；眼一見，心就亂，那算什麼清靜？打坐只是身體不動，如果心裡胡思亂想，也不是真的清靜，守靜也應主要是保持心靈的清靜。

那麼，什麼是心靈的清靜呢？簡單回答，就是兩個字：無慾。一個人心裡沒有慾望，就不會為雜事煩心，就能保持心靈的清靜。

把清靜歸結為無慾，其實本來就是老子的清靜觀，只是後來的隱士、道士有些作了錯誤的理解罷了。《老子》說：「不欲以靜」。沒有欲望，就能清靜。而不欲，也是「見素抱樸」，「無名之樸，亦將不欲」（《老子》三十七章）。「見素抱樸，少私寡慾」（《老子》十九章），素、樸，也可說是根本。那麼，

「歸根曰靜」，實則也是少私寡慾的意思。

和道教並行的是佛教。相比起來，佛教甚至更強烈地追求清靜。佛教的涅槃說，事實上就是最高的清靜。佛教還常常批評道教的煉丹服食、吐納驅鬼等方術，認為那樣作違背了清靜的原則。在一定意義上可以說，道教把清靜作為自己的主要修煉原則，還是由於佛教的影響和從旁推動的結果。

從原則上說，儒家也不主張多慾，而主張排除慾望。但是儒家的目的在治國平天下，所以並不拒絕富貴。他們只是拒絕「不義而富且貴」（《論語・述而》）。因此，他們就無法把清靜作為自己追求的主要目標，起碼在周敦頤之前是如此。周敦頤把主靜原則引入《太極圖說》，從而引入儒學理論，應該說是接受了佛道二教的影響，引入了佛道二教命題。

當然，在《禮記・樂記》篇，有這樣的說法：「人生而靜，天之性也。」唐玄宗把這樣的話引入《老子》注疏，並理解為：人的本性是清靜的。依照此說，則儒家同樣主張清靜。然而實際情況是，這話在《禮記》中沉默了近千年，很少引起人們的特別注意。唐玄宗之所以引用它，那是因為此前興起的禪宗及禪宗以前的佛教，早已提出了人人皆有佛性，佛性原本清靜的命題。道教繼續佛教之後，也主張人人皆有道性，道性本清靜等等。人們之所以發現《禮記・樂記》中有這樣的文字，那也是由於佛道二教推動的結果。

無論如何，周敦頤在《太極圖說》中講無慾，主清靜，不僅不是主要來自儒家，而且更與《周易》的基本精神少關聯。

《周易》是占卜書，占卜要依靠蓍草的變換決定卦象，依靠卦爻的變動來決定吉凶。《易傳》說：「吉凶悔吝生乎動」，說易「變動不居，周流六虛」，說「一陰一陽之謂道」，還有「生生之謂易」等等，都是一幅生動的變易景象。變易、變動，是《周易》的本質。而且，《周易》講吉凶悔吝，目的是指導人們做事。做事而講吉凶，以便逢凶化吉，遇難呈祥，這本身就是一種慾望。而整部《周易》，可說就是指導人們去如何滿足這個慾望，如何實現這個慾望。在這樣一種總的趨勢下，如何能講什麼無慾呢？

因此，周敦頤的「無慾故靜」，與《周易》的精神是不相符合的。它不是從《周易》出發導出的結論，而是用得自他處的思想來注釋《周易》。然而這種作法，卻是一切《易》注的通則，是一切《易》圖和《周易》的基本關係。

換句話說，一切《易》圖，都是對《周易》某些內容的注釋。在作這種注釋的時候，注釋者往往引入一些其他領域的思想內容，並把這些內容說成是《周易》原有的東西。

不幸，近年來的一些《易》注，一些關於《易》圖的解說，仍然蹈襲古人之風，他們從近現代的思想中採來一些果實，把這些說成《周易》中早已存在的東西。對於古人，攀附《周易》是一種不得已。現在還這樣的牽強附會，就沒有必要，而且只能造成思想混亂了。

陰陽魚太極圖

我們在《話說太極圖》和《易圖源流考》中已經說明，《陰陽魚太極圖》不是某位天才、聖人心血突然來潮的產物，而是《易》圖學不斷發展的產物。它也不是蔡元定萬里迢迢，到四川得於隱士之手，而是元末明初才出現的。胡渭《易圖明辨》是歷史上的《易》學名著，但他硬說《陰陽魚圖》是陳摶傳給邵雍的，則沒有根據。

《陰陽魚太極圖》最初不是在《易》學著作中出現的，而是出現於趙撝謙的文學著作之中，並且它不是叫做《太極圖》，而是叫做《河圖》，其形如圖28。依趙撝謙對圖的注釋，則這圖就是龍馬從黃河裡馱上來的圖。這個圖包含著陰陽，也包含著八卦。

說這張圖才是龍馬從黃河裡馱上來的圖，自然是神話。說這圖包含著陰陽、八卦，則說明它是對八卦起源的又一圖解，是對太極兩儀四象八卦說的又一圖解。

不過《陰陽魚太極圖》的出世，已不再是與《周易》直接發生關係，而是與《易》圖發生關係。據章潢等人的意見，《陰陽魚太極圖》不僅體現了《易傳》中太極、兩儀、四象、八卦的關係，而且體現了以往《易》圖中所體現的基本內容。

邵雍的《先天圖》，一方面是對太極、兩儀、四象、八卦的說明；另一方面，據《先天圖》，又可作出《先天卦氣圖》。《先天卦氣圖》和舊的，即漢代卦氣圖不同的地方，主要是卦序排列的不同。然而無論卦序如何排列，它們體現的思想都是一樣的。即冬至這一天，一陽初生；然後陽氣逐漸生長，陰氣逐漸消沉；到夏至，陽氣達到極點，陰氣開始生長，叫做一陰初生，然後陰氣逐漸生

天地自然河圖

六書本義圖考

坤居地
金
地

又天地自然之間庶民
時龍馬負圖出於榮河
八卦所由以畫者也易
曰河出圖聖人則之古
曰河圖在宓羲之世是也此
圖世傳蔡元定所謂
出於希夷兩不傳矣
于夫其之兄今得之於
伯敬氏當覩現之有大
極而金黃萬易為八卦
自然之妙原造化之根柢也
為今神武

圖28　天地自然河圖

長，到冬至，陰氣極盛，一陽初生，開始下一年的循環。這就是戰國甚至在春秋時代已經產生，在漢代普遍流行的陰陽二氣消長論。所謂卦氣，就是用卦象表示的陰陽二氣消長。

據漢代流傳下來的資料，漢代的卦氣圖大約有兩種：一種是十二消息卦圖；一種是用

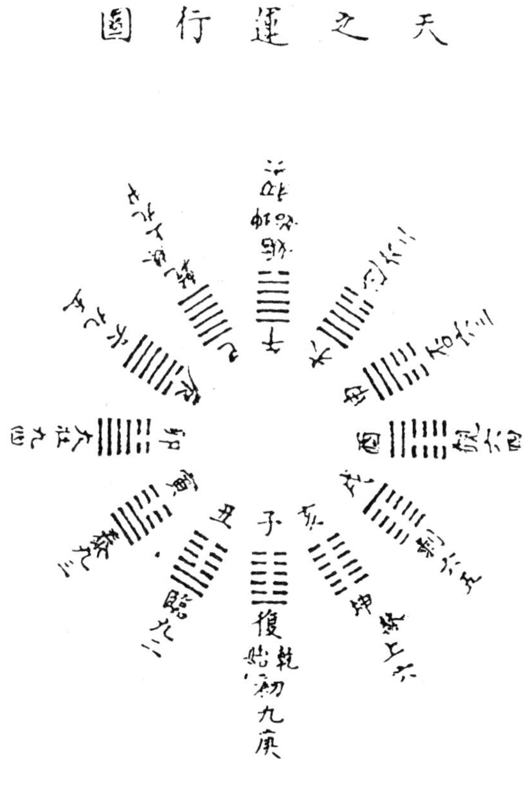

圖29　天之運行圖

六十個卦象所組成的卦氣圖。十二消息卦圖式，如圖29所示。

這圖名叫《天之運行圖》，所謂天之運行，就是陰陽二氣之運行，因而也就是十二消息卦圖。

圖上復卦的位置，可相當於冬至。復卦的卦象，初爻為陽，其他五爻為陰，象徵著一陽初生。從復卦開始，順時針方向上，依次是臨、泰、大壯、夬、乾。它們的卦象，陽爻由下而上，逐漸增多。臨卦五陽，乾卦六陽，象徵著陽氣的逐漸生長，陰氣的逐漸消沉。姤卦的位置，相婁於夏至。姤卦的卦象，初爻為陰，其他五爻為陽，象徵著一陰初生。此后依順時針排列的幾個卦象，依次象徵著陰氣逐漸生長，陽氣逐漸消沉，直到坤卦，陰氣極盛，完成一個循環。

這十二個消息卦所組成的卦氣圖，較好地表現了陰陽二氣的消長運動。但是，從圖上我們也看到，這個圖，會有陽氣極盛但無陰，陰氣極盛也無陽的時候，這是不符合二氣消長說的。依二氣消長說，二氣只有潛藏於地下，卻不會不存在，至少不會這樣長久地不存在。陰陽一方的極盛，只是另一方的潛藏和初生。但是很顯然，十二消息卦圖沒有表現出陰陽一方極盛同時又是另一方初生的狀況。

更詳細的卦氣圖是用六十四個卦象做成的卦氣圖。六十四卦中，依《說卦傳》，使東西南北四個正方向的上卦，即震兌離坎，做為統率其他六十卦的正卦，其他六十卦，則依某種次序排列起來，以表示陰陽二氣的消長。

依據漢代留下的資料，這類卦氣圖的首卦是中孚，中孚卦後是復。復卦之後，十二消息卦依順時針方向排列，叫十二辟卦。二個辟卦之間，是四個其他卦象，比如復、臨之間，是屯、謙、睽、升；臨泰之間，是小過、蒙、益、漸等等。這四卦分別為公、卿、大夫、侯。

十二辟卦的安排，顯然從十二消息卦而來。但是，為什麼從中孚開始？公卿大夫侯卦為何那樣安排？其間的理由是不多的。有一種解釋說，中孚內卦（下卦）為☴巽，是從坎☵卦而來。坎為正北方卦，初爻為陰，變陽，即成巽卦，即中孚下卦。這樣，中孚卦象所表示的也是一陰初生。對中孚卦的解說也未嘗沒有道理，但從卦象上看就很難看得出來。至於公卿大夫侯卦，就更難看出它們和陰陽消長的關係了。

也就是說，漢代傳下的卦氣說，如做成圖，卦象與陰陽二氣消長的關係很不明朗，也很難說得通。《先天圖》出世以後，也仿漢代情形，抽出乾坤坎離四個正卦，把其他六十卦作成一個圓圖（圖30），稱《先天卦氣圖》。

依《先天卦氣圖》，冬至這一天是復卦，象徵一陽初生，夏至那天是姤卦，象徵一陰初生，其他各卦依先天卦序排列。

這個卦氣圖的好處是，復、姤卦象象徵陽、陰初生，非常明顯，其他卦序的排列，也是依一陰一陽相生的規則產生，而不是人為的故意雕琢。

它的缺點是：十二辟卦的排列極不均勻。從復卦開始，到臨卦二陽，應為十二月卦，在圖上已是二月，中間相隔十四卦。從臨到泰，相隔七卦。泰應是一月卦，圖上已近四月。從泰到大壯只隔三卦，大壯到姤只隔一卦。從姤到陽氣極盛、一陰初生，一卦也不隔。這樣，陽氣的生長，就呈現一種加速度的趨勢，這是不合陰陽消長說的。

這幾種卦氣圖都有一個共同的缺點，就是必須認真辨認卦象，才能理解陰陽二氣的消長。而卦象密密地排列，不能形象地表示出陰陽消長。

《陰陽魚圖》最初公佈時，並無說明它能表示陰陽的消長。但明朝後期，章潢作《圖書編》，把《陰陽魚圖》放在卷首，認為是最重要的《易》圖。並且指出，《陰陽魚圖》形象地表示出了陰陽消長的思想。那黑白的多少，就是陰陽消

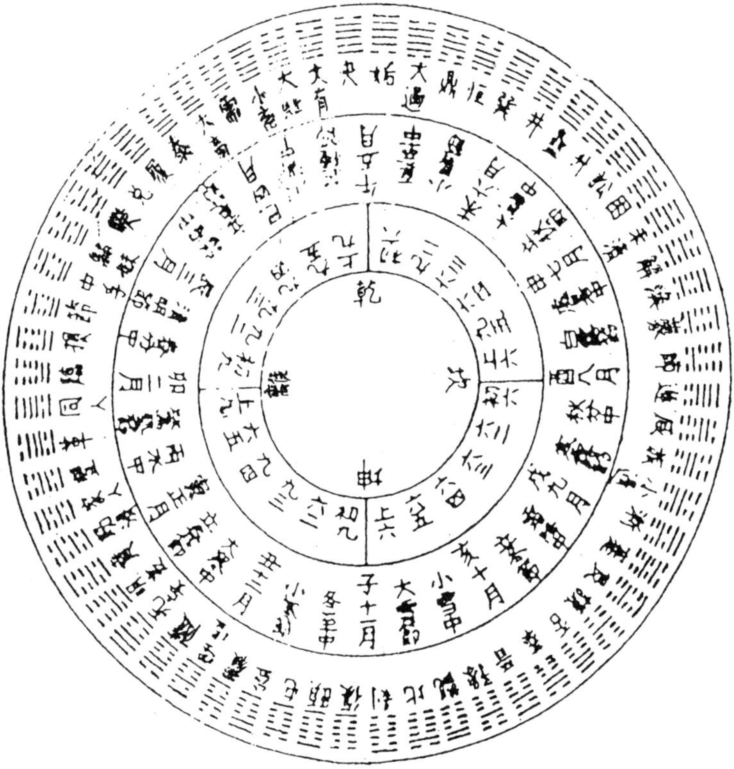

圖30 先天卦氣圖

長的象徵，一目了然，不須一個個去辨認卦象。卦氣圖中有陰無陽或有陽無陰的情況，陰陽消長卦象安排不均、牽強附會的情況，這裡都一一避免了。

陰陽消長思想是古代的一種科學假說。這種假說的目的，是解釋一年四季的交替、代換。依這種假說，天地之間，存在著陰陽二氣，它們的消長，決定了四季的代換。陰陽二氣消長的極點，是冬至和夏至。因而在事實上，這種陰陽二氣消長說，乃是天地相對運動的某種反映。

從近代科學我們知道，決定地球上氣候變遷的，是日地相對運動。所謂陰陽二氣消長，是不存在的。但陰陽二氣消長說本質上是要找出北溫帶氣候變遷的根據，這個根據是存在的，它就是日地的相對運動。這樣，《陰陽魚圖》也可以作為日地相對運動狀態的某種象徵。一些現代研究者能把《陰陽魚圖》的S形曲線作為日地相對運動的曲線來研究，原因就在這裡。

但是，《陰陽魚圖》原非為描述陰陽消長而作，也有純陰、純陽的區域，其曲線又是示意性的，要想對之作精確數學描述，是不可能的。

自從人們給《陰陽魚圖》附加了描述陰陽消長的功能以後，人們也就逐漸承認，它具有卦氣圖的功能。

和邵雍《先天圖》並列的，是周敦頤的《周氏太極圖》。《周氏太極圖》所表示的，是太極、兩儀、萬物化生的內容。依章潢的意見，《陰陽魚圖》的黑白兩色都由少漸多，也是一個萬物化生的過程。這樣，《陰陽魚圖》就也具備了《周氏太極圖》的功能。

《易》圖隊伍中，卦變圖之外，就是《河圖》、《先天圖》、《周氏太極圖》三大類。《陰陽魚圖》本就是為代替黑白點《河圖》而作，而又具有《先天圖》、《周氏太極圖》的功能，因此，《陰陽魚圖》就具有了《易》圖所要表達的主要功能。這樣一來，《陰陽魚圖》就主要不是為了解《易》而作，而是為了取代其他《易》圖而作。《陰陽魚圖》的成功，標誌著《易》圖創作到了一個新階段。

不過，《陰陽魚圖》的內涵，還不僅僅是可以代替以往的《易》圖的某些功能，它還表達了宋元哲學關於宇宙圖象的新思想。

依朱熹說，陰陽二氣只是一氣，不是兩種不同的氣。這一氣流行時就是陽，靜止時就是陰。以往的《易》圖，陰陽界限分明，難以表達對陰陽的新認識。

以往《易》圖的明顯缺點，是太極、陰陽、八卦、萬物的分離。比如《周氏太極圖》就是這樣。其他《易》圖也是這樣。太極是一個圖，陰陽又是一個圖，八卦、萬物都各是一個圖，或是圖中一個獨立的部分，彼此界限分明。那麼，太極生了陰陽以後，太極、陰陽生了萬物之後，自身在什麼地方？它們是不是各自分離的？假如是，那麼我們處在萬物已經產生的時代，又到何處去尋找陰陽，到哪裡去找太極？

邵雍《觀物篇》就已指出，每個物，都包含著太極、陰陽、八卦。因此，我們不能離開物去找陰陽，不能離開陰陽去找太極。太極就在陰陽之中，陰陽就在物之中。太極、陰陽、萬物，它們依次相生，但不像祖、父、子那樣各自分離。然而這樣的思想，卻不能在以往的《易》圖中顯示出來。《陰陽魚太極圖》卻表示了這樣的思想，即表達了太極、陰陽、萬物依次相生卻又並不分離的思想。那一個整體的圓，就是太極。但太極不是以往的空心圓，它中間有黑白二色，也就是說，它包含著陰陽。而陰陽又不是截然分離、界限分明，而是相互包含。甚至那黑白的逐漸消長，也表示著陰陽的互為根源，互相生成思想。

至於該圖如何象徵八卦、萬物，我們前面已有論述。這樣，該圖就很好地表達了對太極、陰陽關係的新認識。

對太極、陰陽的新認識是宋元時代發展起來的新思想，因此，《陰陽魚圖》就不只是對《易傳》中某些思想的圖解，它還表達了當時新起的哲學思想。不過，《陰陽魚圖》的基礎，仍然是對太極、兩儀、四象、八卦的圖解。但它已不止於這些圖解，而是吸收了新思想，包容了其他《易》圖的基本功能。

小結：《陰陽魚太極圖》也是對《易傳》中太極、兩儀、四象、八卦的圖解，這個圖解兼容了《先天圖》、《周氏太極圖》的功能，其中關於太極、兩儀、四象、八卦關係的處理，體現了當時對太極、陰陽關係的新認識。

來知德圓圖

繼《陰陽魚太極圖》之後，來知德創作了一幅圓，圖形如31。

來知德在圖下注道，伏羲有圖，講《周易》的對待原理；文王有圖，講《周易》的流行原理。他的圖，兼有對待、流行兩種功能，所以，他把自己作的圖放在卷首，放在伏羲、文王所作的《易》圖之前。

從來知德自己的說明可以看出，來氏圓圖繼《陰陽魚太極圖》之後，更多地

圖31　來知德圓圖

擺脫了對《易傳》的依賴，而把代替其他《易》圖，徑直表達對世界的認識，作為自己的宗旨。

依來知德所說，自己的圖，是作《易》的來源，伏羲、文王，就是根據這個圖作的《易》。這是來知德對自己圓圖的說明。當然，我們不會相信這個說明，不過我們由此可知，表達《周易》中的內容，仍然是來氏圓圖的出發點。只是他不再依賴《易傳》中的個別字句或部分內容，而把表現《周易》的整體、基礎，以求代替其他《易》圖作為自己的目標。

來知德在圖中寫了三句話：「對待者數」，「流行者氣」，「主宰者理」。《易傳》中講數，這是黑白點《河圖》、《洛書》要表現的內容；漢代人講氣的流行，作卦氣圖，已大大越出了《周易》的範圍。至於「主宰者理」，就完全是宋代以來發生的思想。理氣象數，在古代哲學中，乃是構成我們這個世界的基元因素，一幅圖，表現了這些，可說就表現了世界上的一切。

據來知德對自己圓圖的進一步說明，則這個圖不僅包含了先、後天八卦，卦象的錯綜等《周易》本身的內容，而且月亮盈虧，天地起源，天地形象，一年氣象，帝王興衰，文章遷流，人才的棄取，三教的並存等等，舉凡自然界和人類社會的一切，都可從圖中得到說明。當我們今天要來揭開某某《易》圖，比如所謂《河圖》之秘的時候，其思想淵源，可以上溯到來知德時代。

不過，那黑白點《河圖》，其實並沒有什麼秘，它只是把所謂《易》數（其實不過是見於《易》傳的，十以內的自然數）作成點陣，以求說明卦象起源罷了。此外再無更多的內容。依據這個點陣，揭示圖中雖然內在，但作圖者未必意識到的數的關係，可說是在原來方向上的發展。但是，要說它表現了其他什麼秘密，就是後人的附會了。

至於來知德的圖，卻是自覺地要去表現世界上的一切。因此，來知德的圖，才可說是有許多秘密存在。不過，這些秘密，和來知德已經說出的那些內容一樣，應都是一些老生常談罷了。

從《陰陽魚圖》到《來知德圓圖》表現了《易》圖創作中歸宗、合流、昇華、提高的趨勢。這些圖都是企圖用一個圖，說明《周易》最根本的原理，說明世界上的一切。而《易》圖創作，至此也可說是達到了頂點。從他們以後，《易》圖創作雖然還在進行，但沒有他們那囊括一切的氣勢，也未能創作出更能體現《周易》基本內容的圖了。

第六章 《周易》與其他易圖

《易》圖除卦變圖外，大體分為《河圖》、《洛書》類、《先天圖》類、《太極圖》類。在這三類之外，還有大量的《易》圖，一、直接解《易》的；二、解釋《周易》與其他文化領域關係的；三、直接解釋各種事或物的。這些《易》圖沒有上述三類的影響大，但數量眾多。

《周易》文句解釋圖

嚴格說來，《河圖》、《先天圖》等也是解釋《周易》某些詞句，但帶有根本的性質，具有統攝全局的作用。所以影響巨大而深遠。《周易》中的其他詞句，則往往只具有局部的意義，或者雖具有全局的意義，但宋以後已不受人重視，這類《易》圖，也僅具有局部的意義，往往鮮為人知。

從現存的資料可知，所說圖解《周易》的某些詞句，主要仍是指圖解《易傳》中的某些詞句。這類《易》圖的創作，大約也以劉牧為最早。劉牧《易數鉤隱圖》中，除《河圖》、《洛書》外，大多屬於圖解《周易》某些詞句的圖。比如《震為木圖》和《兌為金圖》（圖32）、《三才圖》和《七日來復圖》（圖33）等。

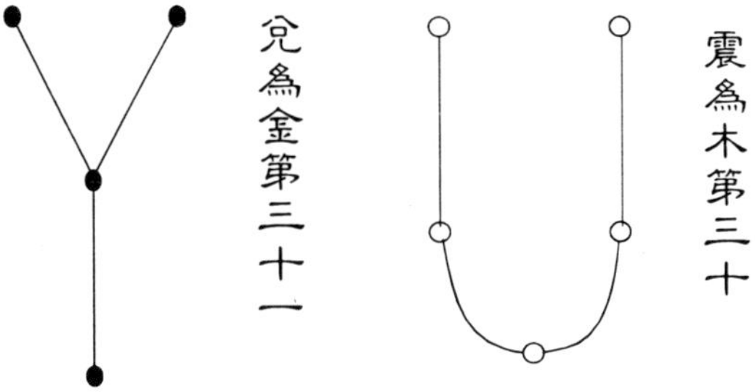

圖32　震爲木圖和兌爲金圖

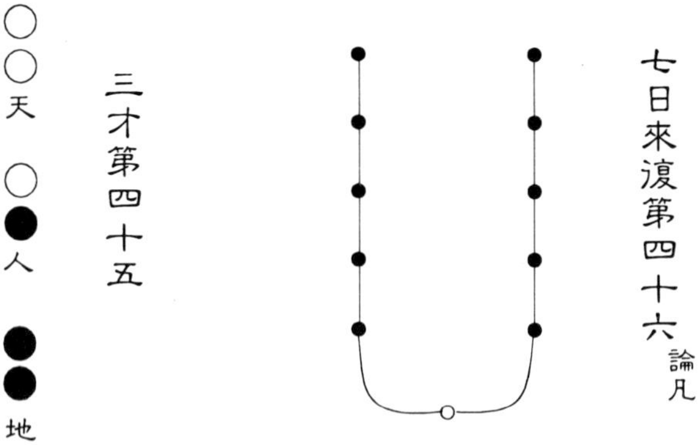

圖33　三才圖和七日未復圖

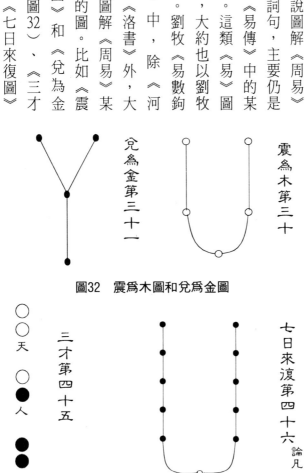

其他四十餘幅圖，如《離為火圖》，如《乾坤生六子圖》，如《坎生復卦圖》，或者圖解《周易》中的某個命題，或是圖解《周易》中的某項內容，其思路都是一樣的。《易傳》道：「方以類聚，物以群分。」《易》圖創作者也把它作成「類聚群分圖」（圖34）。《易傳》上說，聖人仰觀天文，俯察地理，以作八卦，於是就有仰觀俯察圖（圖35、圖36）。

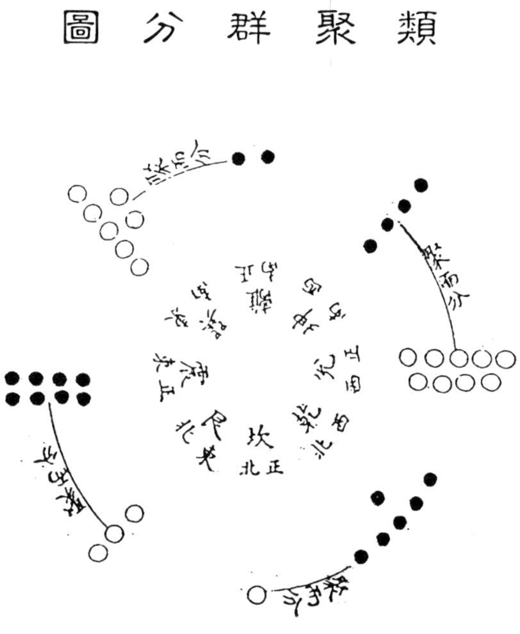

圖34　類聚群分圖

仰觀天文圖

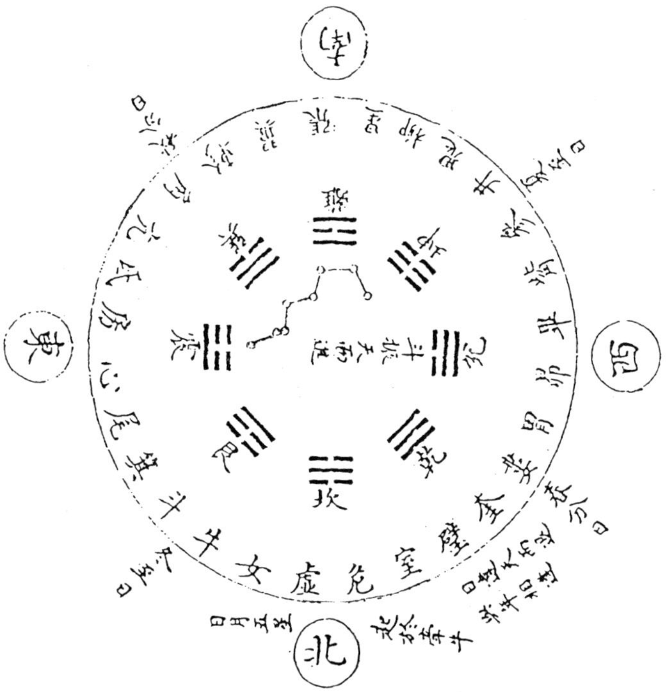

圖35　仰觀天文圖

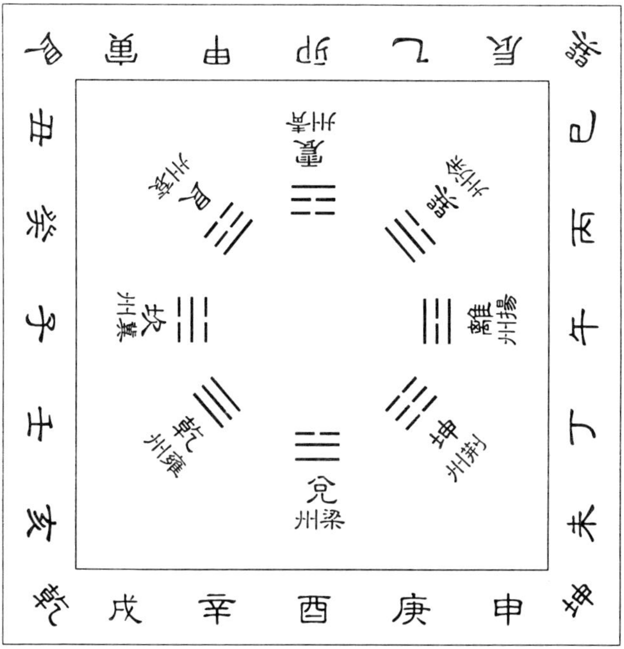

圖36 俯察地理圖

南宋時，有個叫林光世的，不滿於當時都把《河圖》、《洛書》作為八卦之源，而不講仰觀俯察，於是遷居海上，觀測天象，悟得天上的星象，自然具備六十四卦。於是他先作了十三幅圖，用星象和卦象相配，企圖說明這些卦象就是上古聖人仰觀天文而來。後來到了清代，又有個叫陳圖的，以名山大川和卦象相配，說這些卦都是聖人由俯察地理而來。他們的工作，可說是以上仰觀俯察圖的延伸和推廣。

但是，仰觀俯察是個具有普遍意義的命題。它的實際含義是：聖人觀察了天地間的諸多事物，包括自身，然後用一些具有普遍意義的符號，來象徵這些事物，表達它們的共同特點或共同本質。林光世、陳圖把仰觀俯察錯誤地認為是把某些甚至某個事物，作為畫卦的根據，並且把這個事物和卦象對應起來，作成圖，還一一進行說明，這就犯了根本的錯誤。

因為正如邵雍所說，任何事物，都含有太極、陰陽、四象、八卦。我們在任何事物中，都可以找到和卦相對應的特點。程頤說，觀兔子也可以畫八卦，就是說，任何具體事物都可以作為畫卦的根據。任何具體事物都可作為畫卦的根據，任何事物也就都不可作為畫卦的根據。否則，你說某卦來自甲，他說來自乙，我說來自丙……到底來自哪一個呢？正確的說法是，既來自每一個，又不來自它們哪一個，而是對它們共同本質的抽象、概括。如果要用他們中間的某個事物，說，某卦是據此而來，那就是用個別代替一般，所以是個根本錯誤。

《四庫提要》的作者看到了林光世的根本錯誤，批評林光世的《水村易鏡》說：「自古說《易》之家，未有紕繆至此者。」批評陳圖的《周易起元》說：「充乎其類，殆不至以鳥獸配卦不止矣。」

然而時至今日，仍有不少人把某個具體事物當作畫卦的根據，說卦象是據此而來，據彼而來，這就犯了和林光世和陳圖同樣的錯誤。

《易》圖創作，朱熹以後更加發展，明代和清初，是《易》圖創作的高潮時期。原則上，人們幾乎把《易》中所有的命題都作成了圖，如《易傳》中「乾道成男，坤道成女」，《周氏太極圖》中用一空心圓表示。清初于琳作《周易義參》，則用⊙表示「乾道成男」；用○表示「坤道成女」。用⊙‖○表示「一陰一陽之謂道」。《四庫提要》評論說，這是非常怪誕的作法。

《易》圖創作的末流，就是把《周易》中具有一般意義的命題，還原為某個具體的事或物。從思想的發展上說，這是一種倒退，一件不僅無用，而且無聊的工作。此類創作遭到《四庫提要》作者的批評，可以說是罰當其罪的。

與圖解《周易》某些詞句相類似，是圖解《周易》中的某些思想，甚至是圖解後來《易》學中的某些思想。如河圖陽動陰靜圖（圖37）和河圖陰動陽靜圖（圖38）以及易為日月圖（圖39）。

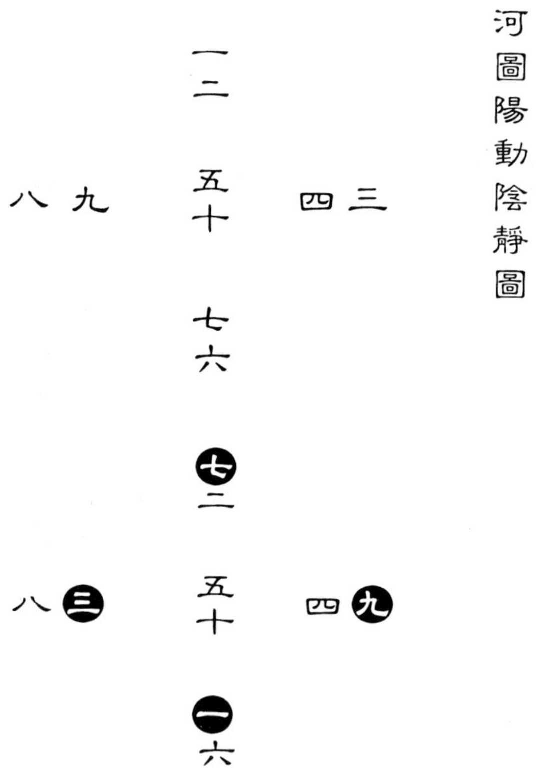

圖37　河圖陽動陰靜圖

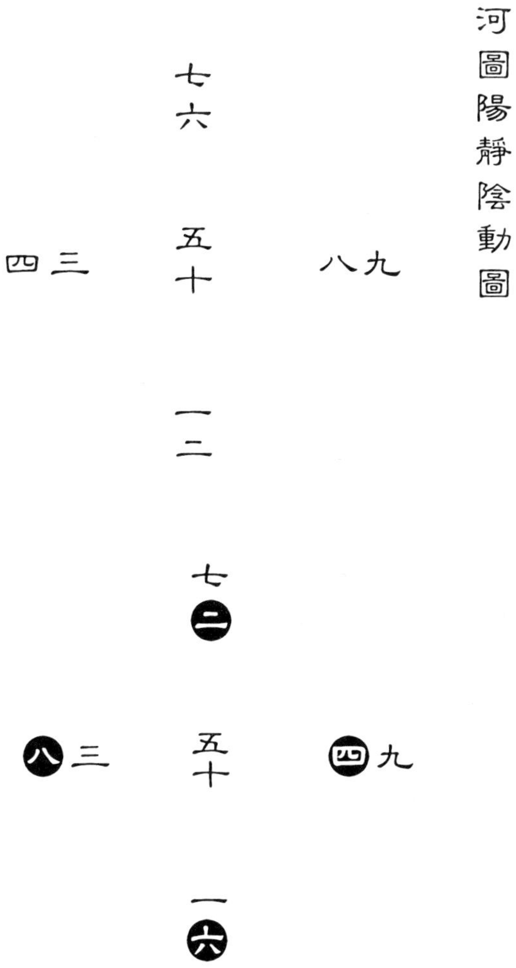

圖38　河圖陽靜陰動圖

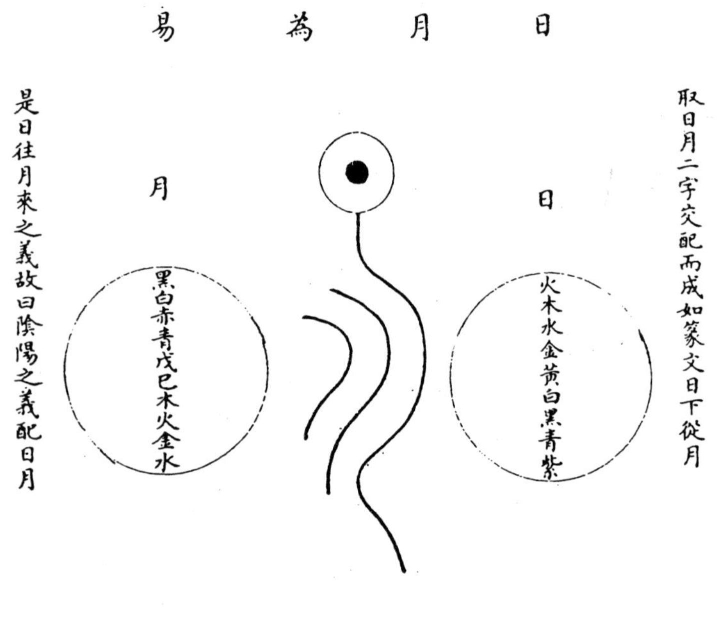
日月為易
取日月二字交配而成如篆文日下從月
日
火木水金黄白黑青紫
月
黑白赤青戊巳木火金水
是日往月來之義故曰陰陽之義配日月

圖39　日月爲易圖

陽動陰靜，是《周易》中陰陽性質的一個內容，這不一定是《周易》的原話，但它是《周易》中也包含的某些思想。《日月為易圖》，表的是《周易參同契》思想，「日月為易」是對《易》的一種解說，把這種解說作成圖，也可以叫做《易》圖。

這樣的《易》圖也有不少。它不是直接解釋《周易》的詞句，也不是解釋《周易》中蘊含的某種精神，而是圖解後世《易》學的某種思想。這些圖，其內容，還都是在《周易》自身或《易》學範圍之內，所以放在一類中加以介紹。

《周易》和其他文化領域關係圖

這一類《易》圖，表現的不是《周易》或《易》學自身的內容，而是《易》學和其他文化領域裡的關係。卦氣圖，如單研究它的卦象排列，也可說未超出《易》學自身，雖然它的內容早已超出《易》學的範圍。如果要顧及它的全部內容，則它表現的，就是《易》學和氣象、物候學的關係。

從北宋劉牧創作黑白點《河圖》開始，它也注意了這部分《易》圖的創作。

劉牧繼《易數鉤隱圖》之後，又有《易數鉤隱圖遺論九事》，其中一幅《陰陽律呂圖》，據作者說，是與乾、坤卦象有關。

南宋初年，朱震《漢上易傳卦圖》，有《律呂起於冬至之氣圖》，是用乾、坤二卦卦象說明十二音律生成的圖。其思想上接劉牧，再往上追溯，可追溯到漢代的鄭玄甚至劉歆。那時候，他們已經把卦象和音律聯繫起來了。

朱震《漢上易傳卦圖》還有《陽律陰呂合聲圖》、《十二律相生圖》等等，都列入卦圖之中。其《六十律相生圖》，則是把六十音律和六十卦相互對

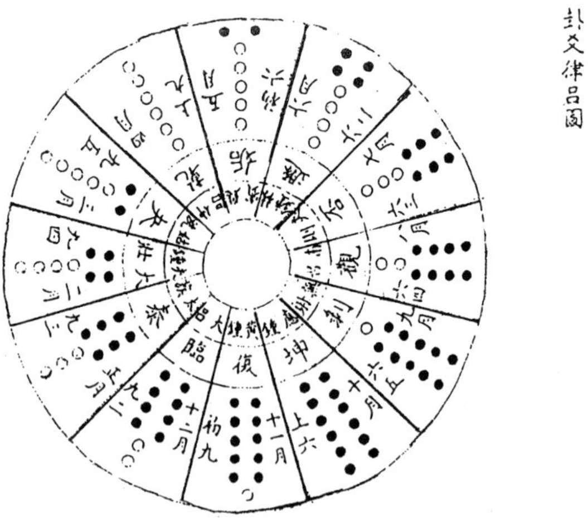

圖40　卦爻律呂圖

應，講它們的相生關係。所用的六十卦圖式，乃是漢代流行的卦氣圖。

和朱震大約同時的楊甲作《六經圖》。其中也有卦爻和律呂相配的圖式，稱《卦爻律呂圖》（圖40）。

干支系統是至少從商代開始我國古代就使用的一種計時系統。到漢代，人們也認為這干支的名稱也具有某種意義，並認為這意義表示的是物一生的經歷。比如甲、子，就是種子的萌發、物的生命的開始，所以，漢代人也把卦象和干支系統結合起來，表示自然界運動的一般進程。這種作法叫做「納甲」。後世把漢代的納甲說作成圖，就是納甲圖（圖41）。

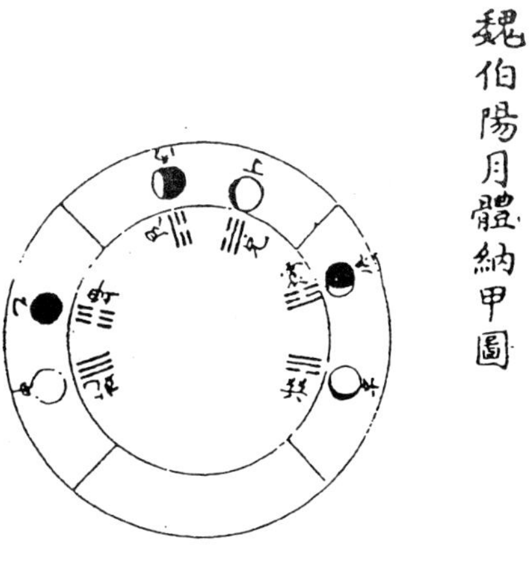

圖41　魏伯陽月體納甲圖

這圖叫做《月體納甲圖》，是又考慮了月亮盈虧這個因素。據《周易》說，《易》彌綸天地之道，那麼，它就應該包羅一切。換句話說，世界上的一切，都可以用《周易》卦象或命題作出解釋。在很早的時候，可能就有人用《易》的內容對人類生活的各種對象、各個領域作出過說明。從宋代起，在《易》圖盛行的時代，用《易》去說明其他領域各種現象的作法也就更多了。特別是道教典籍，經常用《易》圖去說明他們的教義。下面是從《正統道藏》中隨手拈來的幾幅圖，如先天後天圖（圖42）和四象圖（圖43）。

至於用《易》圖去說明醫療、養生的道理，說明煉丹過程，更是道教中的普遍現象。致使一些學者誤認為某些《易》圖乃是從道教而來。其中最典型的例子就是黃宗炎所說的《無極圖》。黃宗炎說，《周氏太極圖》是從《無極圖》而來，其實際情況則恰恰相反，《無極圖》乃是用《周氏太極圖》去說明煉丹過程的產物。

這類圖在《道藏》中所在多有，不一一列舉。

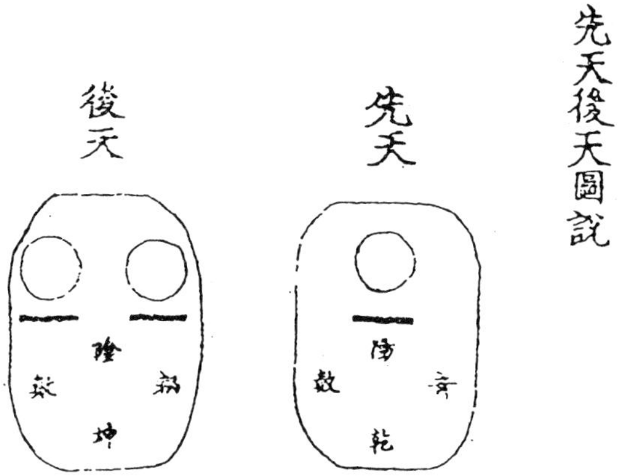

圖42 先天後天圖

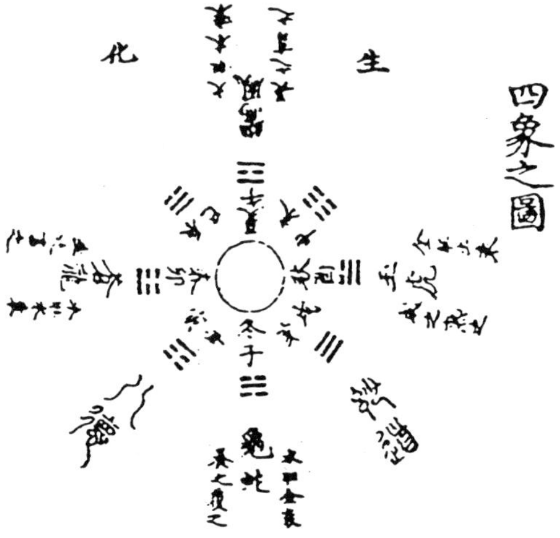

圖43 四象圖

《易》外之圖

大約是受了《易》圖風的影響，宋明時代，人們開始為各種各樣的哲學道理繪製圖象。比如司馬光作了一部《潛虛》，講了一番天地萬物的大道理，其中也作了一些圖，來表現他說的道理。其中第一幅為《氣圖》（圖44）。

這個圖說的是五行之氣，東木西金南火北水中央土，都從小到大地發展。比如土，由基到冢；木，由本到末；水，由原到委。這個圖，和《周易》是無關的，它表現的是五行思

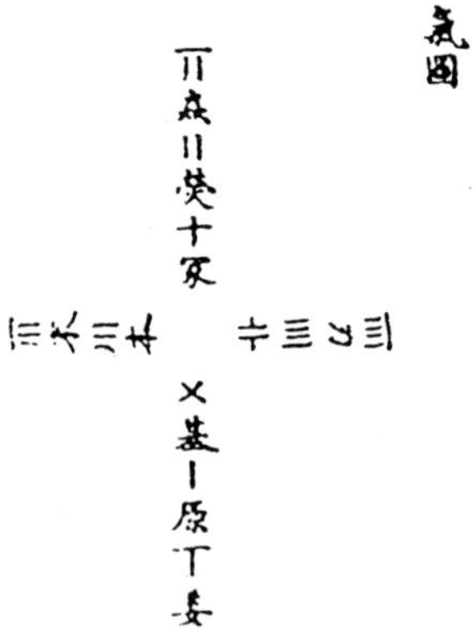

圖44　氣圖

想。五行氣的生長、發展、循環和相互生剋，構成司馬光《潛虛》的思想基礎。如果說《氣圖》講的是氣自身，那麼，《體圖》（圖45）就是講氣所聚成的體。這些體，組成一個等級尊卑的秩序。

《體圖》所體現的世界秩序，既是一種自然界的秩序，也是一種社會的等級尊卑秩序，這是司馬光心中的世界圖象。

《體圖》之後，還有《名圖》、《性圖》等等，以表示司馬光對世界的運動法則，對萬物本性的理解等等。

類似司馬光《潛虛》，南宋蔡元

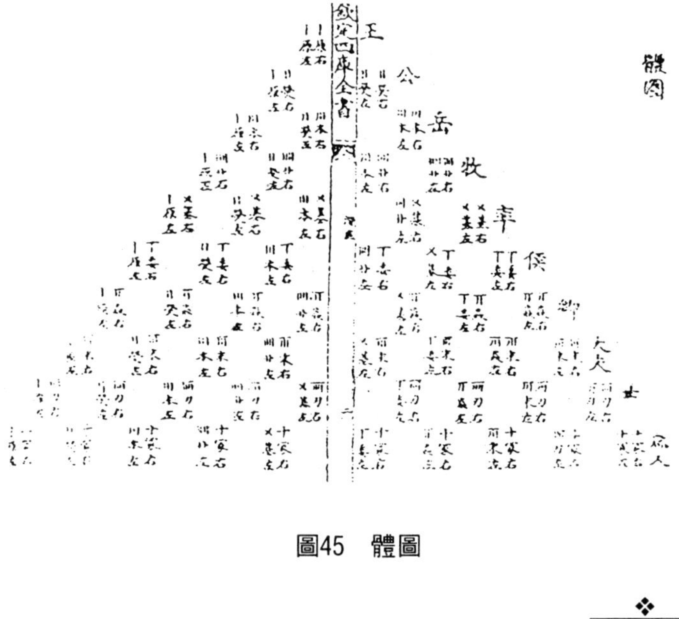

圖45　體圖

定、蔡沉父子作《洪範皇極》諸圖，用一到九這九個數字，組合成各種圖形，並說明它們所對應的物質現象。

司馬光和蔡元定父子的圖，自成體系，表達的也是抽象的道理，是他們對世界圖象的獨特理解。這些圖獨立於《易》學之外，但常常被收入《易》學著作之中。也就從宋代開始，既然《周易》中那些最抽象的概念都可以作成圖。也就使所有的名詞、概念、判斷都可形於圖象了，也就是說，無話不成圖了。

下面我們略舉幾例，以說明宋明時代作圖風氣的一斑。

《天心圖》（圖46），見於《正

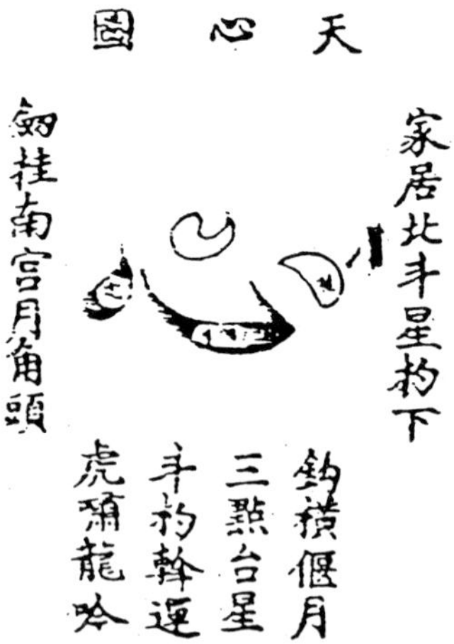

圖46　天心圖

統道藏．金丹大成集》。

這幅圖是道士的作品，但其中表現的不全是煉丹。「天心」一詞出於儒家經典。《周易》中有「復見天地之心」；《禮記》中有「故人者，天地之心也」。什麼是「天心」？是儒者們經常討論的話題。而這裡的天，就是至上神。至上神之心，也可以作可成圖。

《正統道藏》中，表現煉丹內容的圖就更多。隨手拈來幾例，如金丹九還圖和金丹七返圖（圖47）、金丹五行圖和金丹三五一圖（圖48）。

上面幾幅圖，都見於《金丹大要》，講煉丹中的各種問題。不過，這裡說的煉丹，不是通常說的外丹，甚至也不是像現在氣功界所說的意念導引、真氣運行，而是一種純粹的心靈修養。在這一時期，道教說的道、金丹等等，其實指的都是人的心，這裡所表現的，也是一種難以形於圖象的存在。

與《金丹大要》成書差不多同一時期，李道純作《中和集》。「中和」，這個儒家常用的概念，也可作成圖。其實和「天心」不過是一個心字一樣，「中和」，也是一個圖形化了的中字。還有《老子》書中的「玄牝」。也作成了圖，是一個圖形化了的玄字。玄牝，就後來煉丹家的解釋，有說是口，有說是鼻。其

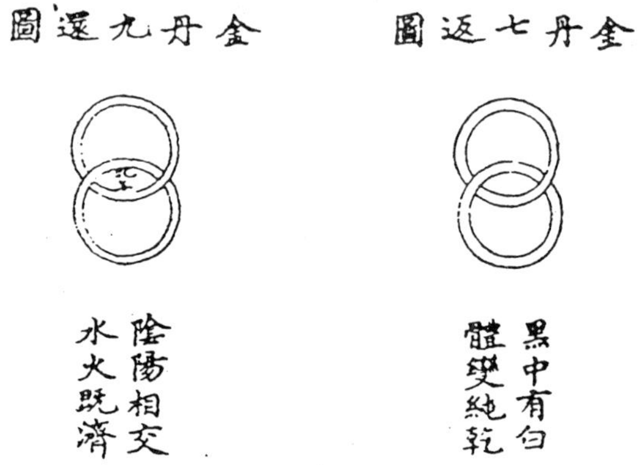

圖47　金丹七返和金丹九還圖

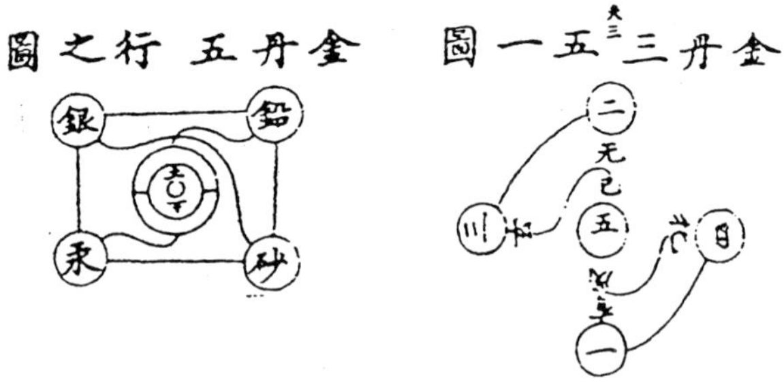

圖48　金丹五行圖和金丹三五一圖

實《老子》的本意，乃是指一個看不見的東西，指道。這些圖，就是要用有形的圖象表現無形的內容。

前面曾提到的陳圖，在《周易起元》中，不僅以山川配卦象，說是俯察地理，而且在對經文的解釋中，往往將宋代以來的理學成果做成圖。比如有一幅《物慾所蔽圖》，該圖像一個黑色的葫蘆，上面有五個白圈。並注上「人慾一萌，血自攻心」等等。這顯然是理學中天理、人慾之辨的圖解之一。

當人們把《周易》中的每一概念、命題都作成圖，或企圖都作成圖；進而推廣到其他領域，把許許多多抽象的概念、命題都圖像化的時候，作圖風就發展到了頂點，同時也到了它的末流。《四庫提要》在評論陳圖之類的《易》圖創作者時說到，當初陳摶、邵雍他們創作《易》圖時，真不料其末流能到如此地步。評陳圖的《物慾所蔽圖》道：真不知作者要幹什麼？

大約從清朝中期開始，作圖風慢慢有所收斂。然而這些年來，由於一些特殊的原因，《易》圖又廣為流行，並且引起了不少人的特殊興趣。所以，當前面敘述了《周易》和《易》圖的各種關係，也敘述了各種主要《易》圖和《周易》的關係之後，對二者的關係作一總的評說，我們認為是適宜的。

小結

前面已經指出，如果把《周易》與《易》圖的關係歸結為一句話，那就是清代學者說的：《易》圖為推闡《易》理而作，《周易》不是根據《易》圖而作。為了進一步說明這個觀點，我們再列舉一些清初學者反對《易》圖的例子。

黃宗炎的《圖學辨惑》說，《周易》是伏羲、文王、周公、孔子四聖一脈相傳下來的，不應在文王、孔子之外又有什麼《易》圖。而且《周易》在秦代未被焚毀。如果有圖，應和經、傳一起流傳下來，秦漢沒有獨禁《易》圖而不禁《周易》的道理。這些《易》圖也不可能是被道教秘藏了二千年，到宋代才突然出現。黃宗炎這個反駁，是非常有力的。

據朱熹說，《先天圖》等，是伏羲所見所繪，但後來在儒家系統中失傳，僅在道家系統中保留著，它見於《周易參同契》，傳出自陳摶。黃宗炎的話，是為反駁朱熹而作。

著名思想家李塨作《周易傳注》，其中指出，《易》圖的興起，使人們把注意力轉向了圖象，將使《周易》的道理歸於無用。依李塨的意思，《周易》所言，主要是人事，而《易》圖，卻很少講人事，這是從衛道的立場對《易》圖的譴責。

朱軾作《周易傳義》，其中認為，宋元以後，《易》圖不下數千，但和聖人的精義，全無干涉，所以他的著作中，一幅《易》圖也不載。

乾隆年間，趙繼序作《周易圖書質疑》，明確指出，《易》圖之作，其根據全在《周易》，但作圖者卻說《周易》是根據《易》圖而作。趙繼序的書也附有幾十幅圖，不過他沒有把這些圖作為作《易》的根據。

我們在《話說太極圖》中就已經說過，從圖象發展到文字，是一個歷史的進步。可以說，目前的各種文字，幾乎都起源於象形，也就是起源於圖畫。這樣的圖畫，目前我們還可以見到很多。由圖畫發展為文字，一些圖像成了字母，成了點畫撇捺，人類之所以要走這一步，重要的原因之一，就是由於要表達抽象的思想。而抽象的思想，原則上說，是無法用圖像來表現的，而只能依靠語言、文字。就說「愛」吧，你可以用圖像表現出各種愛的情景、動作和事件，但無法表達出愛的本身，因為愛是無形無象的。

其實我們的古人，早就懂得這個道理。《老子》一書描述「道」說，道是「混成」的。它恍恍惚惚，看不見，聽不著，也聞不著。假如我們要用圖表現道，那將是什麼樣的圖像呢？

太極，可以說和道是相當的概念。漢代人說太極是氣，朱熹說太極是理。其實無論是氣、是理，都是無形無象的，因而是不可以訴諸形像的。把太極畫成一個圓，只是示意而已。這個圓既是示意，而不是太極的形像，那麼它就可以示意別的。因為反正是示意，而不真的就是它所表達的對象的形像。在《易》圖中，一個空心圓，可以用來表示「乾道」、「坤道」，表示萬物化生，就是這個道理。這不像一個物、一個人的照片，是誰就是誰。

那麼，這樣一種示意的圖形，既然表達的不是對象的形像，也就無法用自己的形像去說明自己的對象。要說明自己的對象，還必須靠語言和文字。最後也就形成了這樣一種結果，真正表達信息的，仍然是語言和文字。那麼，那些圖像的作用又在什麼地方呢？

《易傳》上也說，「形而上者謂之道，形而下者謂之器。」既是形而上者，也就是沒有形像的東西，用形像來表現沒有形像的東西，是《易》圖作者面臨的最大矛盾。如果說《河圖》僅是提供了一種新的卦序，這些圖儘管不是黃河所出、伏羲所畫，但創作態度還算認真、謹慎。那麼，《復見天地之心圖》，以及什麼《天心圖》、《中和圖》，還有什麼講一陰一陽之道的圖等等，包括各種各樣的太極圖，創作者的旨意，可就高遠多了。這些圖所表現的，大多是不可訴諸形象的抽象概念。因而都僅僅是一個示意圖。

這樣的示意圖不是絕對不可以作，比如現代的邏輯教科書，常常把內涵、外延、大前提、小前提等等概念畫成一個圓，並用這些圓的相交、不相交、相包含、相獨立等等，來表示它們的關係。在這些圖像中，每個概念自身，所用的圖像幾乎都一樣，都是一個空心圓。它們的相互關係，也極其簡單。那麼較為複雜一些的概念和命題，原則上是連這樣的示意圖也作不出、至少是不必作的。如物質、精神、存在、結構、系統、對立統一、量變質變、否定之否定等等。如硬要給此類概念和命題作出示意圖，那就必須把它們複雜的內涵簡單化。

如《易》圖那樣的示意圖，如果僅象《河圖》、《先天圖》及卦變圖那樣，只是表示數陣、卦序、卦與卦之關係，其作用另當別論。如要表示《周易》中那內容複雜、含意深厚的概念、命題，就只有把這些概念、命題簡單化。清初李塨曾經擔憂，人們過分重視《易》圖，會拋棄《周易》中那深邃的道理。在今天，我們仍然存在著這樣的擔憂。

即如《陰陽魚圖》，如從作圖的角度來評價，它確是一幅最優秀的示意圖。如果非要選一幅圖作中國哲學的徽章，那麼，它比別的要合適。然而，我希望將來的人們，也不要為中國古代哲學選什麼徽章，因為那只能使我們顯得簡單而淺薄。當年中醫界不用《陰陽魚圖》作徽誌是對的，因為它實在涵蓋不了中醫的陰陽學說，何論其他。玻爾先生用此圖作族徽，另當別論。至於今天氣功界多用它作徽誌，說句不好聽的話，實在是簡單和淺薄的表現。

國家圖書館出版品預行編目資料

周易與易圖／李 申著
——初版，——臺北市，大展，2002〔民91〕
面；21公分，——（易學智慧；8）
ISBN 957-468-156-4（平裝）

1. 易經—研究與考訂
121.17 91011229

周易與易圖 ISBN 957-468-156-4

著作者／李 申
責任編輯／信 群・薛勁松 等
發行人／蔡森明
出版者／大展出版社有限公司
社 址／台北市北投區（石牌）致遠一路2段12巷1號
電 話／（02）28236031・28236033・28233123
傳 眞／（02）28272069
郵政劃撥／01669551
E-mail／dah_jaan@yahoo.com.tw
登記證／局版臺業字第2171號
承印者／國順文具印刷行
裝 訂／日新裝訂所
排版者／弘益電腦排版有限公司
初版1刷／2002年（民91年）9月

定 價／250元

大展好書　好書大展
品嘗好書　冠群可期